2020 最美退役军人

中共中央宣传部宣传教育局 编

学习出版社

图书在版编目（CIP）数据

2020最美退役军人 / 中共中央宣传部宣传教育局编. -- 北京：学习出版社，2021.12

ISBN 978-7-5147-1078-6

Ⅰ. ①2… Ⅱ. ①中… Ⅲ. ①退役－军人－先进事迹－中国－现代 Ⅳ. ①K825.2

中国版本图书馆CIP数据核字(2021)第204712号

2020最美退役军人
2020 ZUIMEI TUIYI JUNREN

中共中央宣传部宣传教育局　编

责任编辑：李　琳
技术编辑：胡　啸

出版发行：学习出版社
　　　　　北京市崇外大街11号新成文化大厦B座11层（100062）
　　　　　010-66063020　010-66061634　010-66061646
网　　址：http://www.xuexiph.cn
经　　销：新华书店
印　　刷：北京新华印刷有限公司
开　　本：710毫米×1000毫米　1/16
印　　张：19.75
字　　数：220千字
版次印次：2021年12月第1版　2021年12月第1次印刷
书　　号：ISBN 978-7-5147-1078-6
定　　价：63.00元

如有印装错误请与本社联系调换，电话：010-67081356

前　言

为全面贯彻习近平总书记关于退役军人工作重要论述，深入落实党的十九届五中全会精神，讲好优秀退役军人故事，发挥先进典型示范引领作用，激励和引导广大退役军人积极投身全面建设社会主义现代化国家新征程，2020年12月18日，中央宣传部、退役军人事务部、中央军委政治工作部联合发布2020年度"最美退役军人"先进事迹。

他们是：贵州安顺"兵支书"脱贫攻坚代表队，安徽省庐江县退役军人抗洪抢险突击一分队，浙江省国骅集团有限公司董事长丁国年，河南省沈丘县白集田营村党支部书记王国辉，云南省粮油运输公司退休干部王昌群，山西省壶关县桥上乡后脑村民兵连长牛何松，河北省河间市兴村镇大庄村党支部书记、村主任石炳启，（湖北）炎黄集团董事长邝远平，新疆出入境边防检查总站红其拉甫出入境边防检查站民警孙超，天津市蓟州区穿芳峪镇副镇长兼毛家峪村党支部书记、村主任李锁，江苏省泰兴市江平路邮政支局局长何健忠，山东省邹城市后八里沟村党委书记宋伟，福建省福州市鼓楼区三坊七巷消防救援站副站长张天水，中国第一汽车集团有限公司整车道路试验工张国强，国家税务总局北京市西城区税务局第一税务所副所长陈卫华，四川省川椒种业科技有限责任公司总工程师陈炳金，上海交通大学讲席教授、上海北斗导航创新研究院院长郁文贤，陆军特色医学中心胸外科主管护师赵孝英，青海立詹律师事务所党支部书记董博俊、甘肃省静宁县陇原红果品经销有限责任公司董事长靳玉国。

这2个"最美退役军人"集体和18名"最美退役军人"，是广大退役军人的优秀代表。他们中，有决战脱贫攻坚的先进模范，有推进乡村振兴的基层"带头人"，有驰援湖北的抗疫先锋，有抗洪抢险、见义勇为的英雄，有科研领域"领头雁"、科技兴农传播者，有勇于开拓创新、主动回馈社会的创业标兵，还有赤子丹心、不辱使命的道德楷模……他们永葆本色、攻坚克难，展现了退役军人奋勇争先的风采；他们危难时刻敢于冲锋、勇于奉献，彰显了"若有战、召必回"的使命担当；他们的事迹感人至深、催人奋进，必将激励广大退役军人建功新时代，汇聚起学习先进、争当先进的强大正能量。

为进一步宣传好"最美退役军人"对党忠诚、坚守初心的政治品质，顽强拼搏、忘我奉献的奋斗精神，雷厉风行、勇于冲锋的过硬作风，我们组织出版了2020年度"最美退役军人"图书，旨在充分发挥退役军人先进典型的示范引领作用,激励广大退役军人以"最美退役军人"为榜样,见贤思齐、勤奋敬业,努力为全面建设社会主义现代化国家,实现中华民族伟大复兴的中国梦贡献力量。

2020 最美退役军人

目 录
contents

001　丁国年

丁国年：三十四载热血只为护军魂　/ 002

冲锋，一个退役老兵的人生姿态　/ 012

019　王国辉

王国辉：一切为了疫情灾区群众　/ 020

"让小家、大家一起富！"　/ 026

031　王昌群

王昌群：英雄母亲初心不渝　/ 032

一心向党　初心不渝　/ 040

047　石炳启

　　石炳启："大校村官"坚守为民初心　/ 048

　　"大校村官"为民谋福利　/ 055

059　牛何松

　　牛何松：太行山上新愚公　/ 060

　　牛何松：牛劲儿蹚出致富路　/ 067

071　邝远平

　　邝远平：跨越万水千山　撒播人间大爱　/ 072

　　"兵"心一片报家国　/ 081

087　李　锁

　　李锁：乡村振兴路上的领跑人　/ 088

　　大山里的"兵支书"　/ 095

099　孙　超

　　孙超：边关一抹绿　守"家"为大家　/ 100

　　"全国模范退役军人"孙超坚守高原二十四载　/ 107

113　张天水

　　张天水：国旗下的"火焰蓝"　/ 114

　　坊巷平安是我最大的心愿　/ 121

125　何健忠

何健忠：砥砺躬耕不辍步　老兵余晖照征途　/ 126

何健忠：为人民群众做好事不会退休　/ 134

139　宋　伟

宋伟：初心的力量　/ 140

"带领全村共同富裕是我最幸福的事"　/ 152

157　张国强

张国强：坚守军人本色　争做民族汽车品牌振兴的排头兵　/ 158

从汽车兵到大国工匠　/ 165

171　陈卫华

陈卫华：头戴税徽的"张思德"　/ 172

全国"最美退役军人"陈卫华：
从"绿色军营"到"蓝色税岗"　/ 177

181　陈炳金

陈炳金：阡陌田野走出的农民科学家　/ 182

陈炳金：从退役军人到"农民科学家"　/ 187

191 郁文贤

郁文贤：他是退役军人，他创建了中国"北斗第一园" / 192

"最美退役军人"为北斗导航"引航" / 199

203 赵孝英

赵孝英：老兵再上战场，热血依旧滚烫 / 204

拼命三娘赵孝英 / 208

213 董博俊

董博俊：铁齿辩公理 铁肩担道义 / 214

信仰之光照亮前行路 / 222

229 靳玉国

靳玉国："兵"心一片付厚土 / 230

筑梦黄土地 铺就致富路 / 240

253 贵州安顺"兵支书"脱贫攻坚代表队

贵州安顺"兵支书"脱贫攻坚代表队：赤胆忠心勇担脱贫重任 "第二战场"再立时代新功 / 254

贵州安顺近千名"兵支书"决战脱贫攻坚战场 / 262

267 安徽省庐江县退役军人抗洪抢险突击一分队

安徽省庐江县退役军人抗洪抢险突击一分队：
浪尖上漩涡里，军魂闪耀 / 268

军魂在惊涛骇浪中闪光　/ 273

289　视频·链接

永葆军人本色　书写时代答卷　/ 290

建功新时代　展现新作为　/ 295

最美退役军人

丁国年

ZUIMEI TUIYI JUNREN

丁国年：三十四载热血只为护军魂

有一个连指导员，在走出军营的那一刻，他悄然回首，再深情地看了一眼军旗，暗暗许诺，我要一辈子护卫军魂。这个人就是有着11年军旅生涯的越战老兵丁国年。

30多年来，他无时无刻不在兑现当年的诺言。

退役军人是宝贵的人才资源

"我一个人有些成绩，这不算什么，我也要为我的战友们成长成才做点事，因为退役军人是宝贵的人才资源。"丁国年经常这样对身边的人说。说起这句话的来历，丁国年颇为感慨。

1986年，丁国年转业回到家乡，成为一名乡镇干部。报到第一天，就听到隔壁办公室有两个基层干部私下议论："你瞧，又来了个军转干部。"这句刺耳的话，深深地扎进了丁国年的心里，也让他想起了他在部队里的老连长与两位战友。前者转业后被安排在一个小卖部，工作生活不如意，4年后郁郁而终；后者退役至地方，无处就业，生活所迫，铤而走险，最后锒铛入狱。

"有为才能有位！"那一刻丁国年暗下决心，我要让他们看得起我！凭着这一股劲头，不到35岁，丁国年就成为一名颇受领导和同事肯定的副处级乡镇干部，也是凭这股劲头，他在1992年毅然决然地下海经商，成为总资产达75亿元、拥有1500余名员工的集团型企业——国骅集团有限公司的董事长。

"我是成功了，可我的战友们呢？我要去帮助他们！"

在一次战友会上，丁国年碰到了与他同期退役的战友戴英良，后者垂头丧气地对他说："还是你有本事，办企业、做大事，你看看我，退役这么多年，干啥啥不行，真是一个没用的人！"丁国年一听这话，脾气噌的一下就上来了，他对戴英良说："什么叫没用的人？依我看，咱们退役军人个个都是人才，你的事，我来帮你！"就这样，丁国年对戴英良开始了扶"志"又扶"智"的帮助。看到戴英良已经有些年纪，没有一技傍身，丁国年就自掏腰包，动员他去学习了工程车驾驶，学成之后，又安排他跑起了货运线。后来，戴英良组建起了车队，事业步入了正轨，生活也越来越红火。每次遇到丁国年，戴英良总会念叨："要不是当年你动员我去学车，也就没有我的今天。"

"退役军人讲纪律、也讲原则，甘于奉献、不怕吃苦，这是优点，但有时候这些优点需要有人去激发和引导。"

正是基于这样的考虑，早在创业之初，丁国年就结合市场需求，招收了中央警卫局20名退役军人作为物业管理人员，成立了宁波市第一家物业管理公司。这支物业管理队伍，以其军事化管理制度和精神面貌，成为20世纪90年代宁波一道独特的风景线，同时也成为丁国年事业的开端。

原来只是想更多地帮助身边的战友，没想到却尝到了帮助战友带来的"甜头"，这让丁国年更深切地体会到，战友们都是宝，退役军人都是宝！自此之后，丁国年的企业每年都会腾出一定工作岗位面向退役军人，每年都会招收一批退役军人。随着企业规模不断扩大，招收退役军人数量不断增多，到2020年，丁国年的国骅集团已累计招收退役军人2000余人，他们中30%得到了提拔和重用。目前，集团尚有退役军人300余人，占员工总数的20%，这其中中层以上干部占了近半数。

与此同时，丁国年还亲手制定了"1·9"企业文化，其中的"四有原则""五大活动""八大军规"等内容，无不透露出他在企业文化中融合军旅文化的想法与实践。自2009年开始，国骅集团每年

◆ 在国骅集团"强军魂"军训中，丁国年担任主教官

都举办企业军训和面向退役军人的"物业管理培训班",多年来已累计培养了 300 多名退役军人物业管理人员,他们其中 78% 的人培训后逐渐走上管理岗位。2020 年,他又成立了一家外墙材料公司,其中 50% 的施工员、技术员是退役军人。

谈起下步的打算,丁国年成竹在胸:"国骅未来的产业布局,也要进一步结合退役军人的实际与需求。我计划成立高端安保、通信维护、健康辅导三家公司,最大限度地把退役军人群体这座人才库用好,使他们在宁波经济社会发展中发挥出独特作用。"

甘当退役军人的心灵钥匙

熟悉丁国年的人都知道,他三观正、立身严,并且与生俱来一副好口才、一副热心肠,这使他逐渐成了身边战友贴心的老大哥。

"这些年,由于大环境,不少退役军人思想有波动,我看在眼里,急在心里。"丁国年说得很实在,"我是从兵堆里爬出来的,当兵的人心里想什么,他们迫切求什么,我都能了解到。有时,战友们面对生活、面对压力,心里难免会产生疙瘩,冒出矛盾的萌芽,这个时候,就需要有一个人站出来解开他们心里的疙瘩。我就愿意当那个人。"

2019 年年初,丁国年通过战友得知,有一名叫夏国兵的退役军人因为多次寻衅滋事,即将被有关部门处理。丁国年主动找到了有关部门,向他们提出:让我来做一做他的思想工作。

"那是最后一次谈话了,如果那次谈话无法劝服夏国兵,那么他肯定会被处理。"

丁国年不想看到那样的结果，于是，他找到夏国兵，先是以老大哥的身份和夏国兵拉起了家常。谈话中，丁国年了解到，夏国兵在部队期间表现出色，然而退役后，工作生活却极不如意，娶了一位当地姑娘，但是岳父岳母始终对他不满意。后来他又遭遇了下岗失业，这样的不满更是无限放大，逐渐对生活和现状产生了不满情绪。

"他人不坏，也很有能力，我说的他还能听得进去。"

丁国年告诉夏国兵，你是家里的主心骨，如果你被处理了，那么你的家就困难了，老的老、小的小，都要吃苦的，到时候怎么办？一连串的问题，让夏国兵沉默不语。看到夏国兵这样，丁国年不失时机地提出，只要你能定下心来，我在集团里给你安排一个工作岗位。

经过考虑，夏国兵同意了，去了国骅集团上班。丁国年特意把他安排在董事长办公室，每次出去办事都带上他，甚至和客人洽谈重要业务也都让他一起参加，悉心地培养他，潜移默化地教育他。就这样过了几个月，夏国兵彻底转变了思想，解开了心里的疙瘩。这时，丁国年就将新成立的众智劳务有限公司交给他管理。在新的岗位上，夏国兵干劲很足，成了公司的骨干标兵，在 2019 年年底公司评优中，他是唯一一个全票通过的人。

常与身边的战友聚一聚、聊一聊，问一问他们工作和生活情况、解一解他们思想上的疙瘩、纠一纠意识上的小差，已经成了丁国年多年以来养成的习惯。

2015 年，有 40 多名战友多次集体上访，可是由于政策规定，所反映的问题没有得到解决。当地街道找到丁国年，要求他帮助做战友们的思想工作。丁国年答应了，不过他考虑到直接做40个人的思想工作难度太大，于是，他就找到其中8个最有影响力的战友，将他们聚在一起，耐心地劝说。"有时候政府也有困难，咱们退役军人要学会换位思考。"经过一番入情入理的分析与劝解，终于让8名情绪激动的战友偃旗息鼓。除了在思想上扭转他们，丁国年还双管齐下，出资40万元，在当地建立了一个农贸市场，让这些战友们合股经营，生活和工作有所保障。看到战友们在市场里忙碌的身影，丁国年的心总算放了下来，一场风波就此化解。

"兵心安，军心安；军心安，国如磐！"

每年，国骅集团都会在八一、春节等节日组织退役军人座谈会，让老兵们说一说想法，拉一拉家常，而丁国年这里，也俨然成了一个退役军人思想政治工作"阵地"，每当附近退役军人思想上有疙瘩的时候，不管是当地政府还是战友，总会第一个想到让丁国年来做一做工作，这让丁国年又找到了当年在部队里当政治指导员的感觉。

"我希望战友们和我一起为军旗增光添彩。"说这句话的时候，丁国年笑得尤为灿烂。

行慈善之路，沐温情之光

讲到慈善事业，丁国年说，他做慈善，一不求扬名，二不求回报。用丁国年自己的话来讲，他的慈善之路，始于一次偶然。

1993年的冬天，在老领导的极力邀请下，丁国年回到了他曾一度工作过的栎社乡调研。

在村道边的一座破旧院落前，丁国年偶然发现一个八九岁小女孩正在默默地流眼泪。那时候，天气已经挺冷了，可那小女孩还穿着单薄的衣服，丁国年心中疑惑就上前询问。一问才知道，原来小女孩家里父亲因车祸去世、母亲重病卧床，家中已无力承担她的学费，即将辍学。

"小女孩这样可怜，我的心里不落忍，原本打算先给她几百元钱，让她能渡过难关。"

那时候，几百元也已经是一笔不小的数目。可是，当丁国年走进小女孩家残破不堪的房子，看到她躺在病榻上兀自呻吟的母亲，还有小女孩眼里流露出的希冀目光时，也不知是哪里来的一股力量，让丁国年毅然地将自己钱包中的所有现金——3800元，塞到了小女孩的手里。

"孩子别哭，拿上这些钱，先给妈妈看病，把家里的房子修一修，再买件过年的衣服。你上学的事，包在我身上！"

彼时的丁国年，创业刚刚起步，肩负着巨额银行贷款，其实他手头并不富裕。

"我把身上的钱都给了她们，第二天甚至都没钱出门了。"丁国年笑着说。可是联想到自己小时候的苦难经历，他还是义无反顾地伸出了援手。

过了一段时间，小女孩母亲的病治好了，小女孩拎着一只自家养的鸡来感谢恩人丁国年。见到丁国年的第一眼，小女孩就深情地叫了他一声"爸爸"。正是这一声"爸爸"，让丁国年又毅然地承担起一名父亲的责任，一直资助小女孩上学，直到她中专毕业工作。

或许，正是这声"爸爸"，让丁国年坚定了践行慈善之心，助学天下更多的寒门学子，也让他完成了从帮助"一个"到帮助"一群"的华丽转身。20余年来，国骅集团先后出资赞助幼儿园、小学学校，捐助兴建江苏丹阳最大的教育捐助项目——丹阳市实验中学，向甘肃天水麦积10余所学校捐赠课桌椅和图书。可以这样说，丁国年的事业延伸到哪里，他的慈善助学就跟随到哪里，用实际行动助力贫困地区脱贫。除了捐资建校，国骅集团还先后与省内外各大高校合作，设立"国骅·河南师范大学"英才教育助学基金、"国骅·宁波诺丁汉大学"慈善助学基金、东北农业大学"国骅教育基金"，还赞助浙江传媒学院研究生教育培养，累计助学资金已超1.6亿元。

◆ 被资助的小学给丁国年送来锦旗

"我看不得别人受苦。能让别人过得幸福一点，我心里也会有满满的成就感。"

1998年的一天，丁国年的母亲在天童寺拜佛，恰好听到一旁一位老太太口中念念有词地向菩萨祈祷："丁国年长命百岁。"母亲诧异不已，忙问对方你认识丁国年吗，是哪个丁国年？一问才知，竟真是自己儿子。

原来几个月前，丁国年的企业开发的一处小区售楼处来了一位60多岁的老太太，向营销部央求宽限一下房子尾款的支付时间。"那时候一套房子总价差不多10万元钱。"对于那件事，丁国年印象很深。那天是支付房子尾款的日子，按照合同，老太太还需要交1万元的尾款。可能是因为支付前面的房款已经让老太太一家倾其所有，那天她似乎暂时没有办法支付房子的尾款。"我能先把房子钥匙拿了，分期付钱吗？我已经攒了2000元……我儿子还指望着用这房子娶媳妇……"老人边哭边掏出一把钱，有一块的、五块的、最大的面额是十块的。这一幕恰好被来售楼处检查工作的丁国年看到，于是，他悄悄地来到自己的办公室，从保险箱里取出8000元钱塞进了信封，交到了老太太的手中，这让老人感动不已，扑通一声就跪下了。

"慈善这条路，我要坚持走下去！"

这些年，丁国年的国骅集团已形成了常态化的慈善事业运行机制。先后设立了"东方慈善扶贫基金""国骅慈善扶贫基金"等。自2015年起，国骅集团还将12月25日设为国骅慈善日，每年这一日举行"慈善一日捐"。2020年新冠肺炎疫情期间，国骅集团不仅向当地慈善总会捐款100万元用于防疫一线物资的采购，更积极响应政府号召，将旗下洛兹服饰公司两条自动化生产线转产口罩，并组织集团"国骅志愿者服务队"80余人，参与基层疫情防控工作，守护小家，温暖大家。据统计，国骅集团在各项慈善公益事业上的资金捐助累计已超过 2.6 亿元。

"要关爱退役军人，他们为保家卫国作出了贡献。"

"让军人成为全社会尊崇的职业。"

丁国年说，习近平总书记的这两句话一直铭刻在他的心头，也是他这些年为社会和广大退役军人服务的强大动力。

"宁波有个'甬尚老兵'退役军人工作品牌，我也是一名甬尚老兵，我愿意为广大战友们尽我所能。"这是丁国年这位老兵喊出的最朴实的口号。

退役军人事务部思想政治和权益维护司供稿

冲锋，一个退役老兵的人生姿态

李德营

"闻风而动，是一个军人该有的战斗作风。"抗击新冠肺炎疫情的战役打响后，宁波国骅集团有限公司董事长丁国年开始了新的行动。

他向海曙区慈善总会捐款100万元，用于购买医疗物资支援抗疫一线。

他开通"复工专车"返甬，接返安徽宿州、颍上，河南周口等地89名首批外地员工。

"生产一线也是抗疫前线。随着疫情形势趋于平稳，企业必须以复工即冲锋的姿态，把延期的工作抓上去，把失去的效益夺回来。"

曾经在战场上经历生死、在商场上经历磨难的丁国年，耳畔仿佛传来了阵阵军号声——

丁国年

25岁写下人生第一份遗书，冲锋向前的种子也埋在了心底

1981年元旦刚过，营区里还洋溢着新年的喜庆氛围，刚刚25岁的空军高炮某师指挥排排长丁国年，正伏在案头，一字一句写下遗书。

就在几天前，部队突然召开参加边境作战战前动员会，原本打算请假回家相亲的他，不得不重新规划自己的人生。

他们的任务是确保宁明机场、友邻作战部队及边境的安全。

战场上，指挥排是高炮的"眼睛"和"耳朵"，不仅要时常出去执行任务，还随时面临着遭遇敌人伏击的危险。在前线，部队时刻处于一级备战，吃、住都在阵地上，由于指挥排独立作业，丁国年练就了一身本事。在武器装备、通信设施落后的情况下，他率全排一次次化解危机，为部队提供最精准的敌机情报，并保证联络的畅通。

一次，丁国年指挥战士装车，一发炮弹因为没有固定好，突然滚落下来。刚好有3名战士坐在车尾乘凉，眼看着50多公斤的炮弹就要砸到他们身上，丁国年一个箭步扑过去。"咔嚓"一声，炮弹滚落下来，正砸在他的腰上。从此，坐骨神经痛就一直"陪伴"着丁国年。

后来，一个战士的家长给丁国年写信，感谢他为自己的孩子"挡子弹"。对此，丁国年有点感动，照着镜子对自己说："小丁啊，你这排长当得不赖！戒骄戒躁，继续发扬啊！"

从战场回来，丁国年因表现突出被提拔为连副指导员，并保送

到空军桂林高炮学院学习。此后，他冲锋的劲头不减，多次带领连队参加实战演习，获得军区表彰。

他在日记中写道："轮战下来，自己好像长了10多岁，似乎什么事都想明白了。"

婉拒领导的好意，他说："我跌倒了，也要保持一个军人冲锋的姿态！"

1986年，当兵11年的丁国年响应大裁军号召，转业回到浙江宁波，他第一个岗位被安排在栎社乡政府。

那几年，丁国年抓过精神文明建设，管过城建，负责过农贸市场建设。时间长了，大家都知道乡政府有个上过战场的退役军人，有韧劲、肯钻研，干啥工作都像打仗，别人攻不下的难题，在他那里都不是问题。

几年之后，丁国年被调任梅园乡副乡长兼工办主任。

当时，鄞县政府开始兴建宁波轻纺城。由于各种矛盾交织，工程一直难以推进。市领导决定，派一位能打冲锋的猛将上去。没过几天，轻纺城筹建副总指挥的任命就放在了丁国年的案头。

丁国年走马上任，权力没多大，矛盾却不少。质量问题、进度问题、施工人员作风拖沓问题，就像一个个皮球，踢出去弹回来，按下去浮上来。丁国年连发几通火，仍是雷声大雨点小。几番思索，他终于找到一个突破口——退役军人。丁国年让他们当骨干，直接按军队管理模式把组织建起来，把队伍管起来。施工进度明显提升。

按下葫芦浮起瓢。队伍抓上来了，工地又出了问题，工地下面，埋着连通机场的8条电缆，出一点问题就是大乱子。丁国年连续找几个部门协调，都往外推，找到分管的副市长协调，还是不畅。丁国年当场拍桌子："我就不信，没那些通行证，还能把我憋死！"

赶回工地，丁国年对工人一挥手："马上干，出事我顶着！"

施工中，丁国年一直铆在现场，连个头发丝大的线头都不放过。这段工程拿下后，他睡了一整天，掐都掐不醒。

工程高标准完成，丁国年却因为自己的"冲锋模式"与多个部门弄得关系紧张，致使迟迟没有新的任命。

夜深人静，丁国年暗暗问自己，是继续保持冲锋的军人作风，还是改弦易辙，适应这个温水煮青蛙的工作环境？

那是1992年，邓小平发表了著名的南方谈话。丁国年作出一个大胆决定：下海经商，到市场上搏击。

辞职报告递交半个月，县委主要领导批示："同意挂职，待遇不变。"但领导的好意被丁国年婉拒，决意冲锋的他不想给自己留后路。

那些日子，丁国年还是像往常一样，早上7点半出门"上班"，傍晚5点半"下班"回家。实际上，他是每天骑辆自行车探市场信息，找商业路子。

这样的状态，整整持续了半年，而他的家人全然不知。

创业之旅要走得顺利，关键是你踩下的每一步都要扎实

"下海"之后的丁国年，很快就尝到了"呛水"的滋味。

创业之初,凭着负责过工程施工的经历和经验,丁国年找到几个战友,决定做房地产业务。就这样,几个对房地产行业略知皮毛的退役军人,开启了自己的创业之旅。

◆ 丁国年在宁波市退役军人就业创业签约授牌仪式上发言

房地产公司怎么运营?不知道。业务如何开展?不知道。专业人员如何管理?还是不知道。面对创业路上的一个个"哥德巴赫猜想",他们唯一的出路就是学习。

丁国年给每个人备了一套设备:最便宜的傻瓜相机和揣在兜里的塑料皮笔记本。他们分头到各地参观,每到一地,或拍或记,返回后再现学现卖。人家大公司堆沙盘、设模型全是请人代作,丁国年他们则是自力更生。几个战友像当年学习军事地形学一样,你搞设计,我当木工,他堆沙盘,一通没日没夜的忙活之后,公司的远景蓝图模型还真就像模像样地隆重推出,就连一些前去参观的专业人员也不住称赞。

从借款到贷款，从立项到规划，项目总算启动了，但由于公司初建，既无名声又没实力，再加上拿不出广告费搞宣传，基本无人问津。

酒香也怕巷子深。丁国年组织全公司紧急开会，制定出一套走出去战略。

第二天，从丁国年到新员工，人人走街串巷，参与宣传。为了省钱，他们自己买布剪裁、自己拟制广告词、自己量尺寸做横幅。丁国年身先士卒，骑着自行车钻农贸市场、串工厂矿区，见人就发宣传单。

那些日子，连家人亲戚都被他发动起来，全成了公司的义务广告员。

还别说，这种"走村入户"的渗透式推广效用明显，雅渡新村的开发取得了超乎预想的效果。

此后，丁国年乘胜冲锋，生意越做越大。

大有大的好处，大也有大的风险。

那年，石碶北路二村开发启动。整个小区16栋住宅楼同时开发，几乎砸进丁国年全部资金。由于缺乏科学规划，房子造好后却无人问津，公司一夜之间陷入困境。

在一筹莫展的日子里，丁国年在电视里看到一种新型的小区管理手段在广州出现，名叫"物业管理"。他立马南下。

学习新的理念，购买先进安保用品，公司其他领导一算吓了一跳，16栋楼加起来，成本巨大。

压力，一下子集中到丁国年一个人身上。

丁国年一锤定音：干！

装备先进安保系统后,小区档次大幅提升,社会影响极大。中华纸业立即买下三栋作为职工宿舍,布利杰集团买下了70套,洛兹集团也买下40套……经此一役,丁国年不仅摆脱了困境,还赢得了先机,在宁波成立了第一家物业公司。

当然,在商海打拼多年,丁国年从未淡化自己身上的军人印记。被评为浙江省首届"最美退役军人"的他,始终坚持用军事化手段管理企业,努力让"军"字招牌照亮公司的每个角落。

有人说,你登上多少山头,就能领略多少风光。丁国年领衔的国骅集团正以"互联网+""科技+"为发展新手段,在健康文旅、环保科创、金融贸易和城乡建设服务等产业领域,发起又一轮新的冲锋!

《中国退役军人》2020年第7期

最美退役军人

王国辉

ZUIMEI TUIYI JUNREN

王国辉：一切为了疫情灾区群众

曹新旺

2020年1月24日，大年三十。晚8时许，一辆豫P牌照、装满蔬菜的卡车驶入武汉市区。在空旷的街道上，对"封城"的武汉来说，这辆车显得格外"刺眼"。

开车的司机叫王国辉，是河南省沈丘县白集镇田营行政村党支部书记兼村委会主任，田营行政村民兵连连长。10多个小时的长途驾驶，让王国辉略显疲惫。作为曾在武汉服役17年的老兵，王国辉非常熟悉这里的繁华景象。但眼下的武汉，却让他感到十分陌生和阵阵的寒意。

爱心蔬菜送武汉

武汉疫情牵动着国人的心，王国辉也不例外。1月23日，他有些坐立不安。"武汉封城了！"看到消息的那一刻，他便作出了决定：去武汉，尽一点微薄之力。

王国辉的这一想法让不少人吃惊。"去哪儿？武汉！这个时候去送菜？"有人疑惑。

"现在的武汉是什么地方，已经'封城'了，好多人都想出去，你却要进武汉，不怕危险呀！再说了，明天可是大年三十了！"有朋友劝王国辉。

王国辉在部队当过十几年司务长，懂得"封城"就意味着物资会更加紧张。

王国辉在自己的员工群里发了一条消息："明天一早，到蔬菜大棚里摘菜，工资3倍！"

听说王国辉要去武汉送爱心蔬菜，第二天早上，20多人来到王国辉的菜地，帮忙摘了5吨新鲜蔬菜，装上车，却没要一分钱。他们说，你王国辉冒着危险去武汉送菜，我们也帮不上什么忙，那就出点力吧。

大年三十上午10时许，王国辉从沈丘县出发，只身行驶千里，晚上8时许到了武汉。他是武汉疫情发生后第一个去送爱心蔬菜的人。接收蔬菜的一位同志连声道谢，声音沙哑着说："十分感谢您的支援，要不是这种情况，咱兄弟真得拥抱一下！"

大年初一中午，返回村里的王国辉直接进了菜地，开始了在蔬菜大棚里的隔离生活。

隔离结束后，王国辉立即投入村里的疫情防控中。他和村干部组成巡逻、排查、宣传、送菜等小分队，在进出路口设卡测量体温，进行车辆消毒；为村中近3000名村民免费发放口罩，对村里的人员进行摸排，掌握实情，分类防控；对10名武汉返村人员进行重点隔离观察，每天电话询问身体情况，确保万无一失。

◆ 2020年2月28日，王国辉带领村干部防疫值班

疫情防控措施的不断升级，给群众生活带来诸多不便。王国辉看到这种情况后，就把村里的民兵应急队员召集起来组建送菜小分队，把新摘的蔬菜装成10斤一袋，以低于市场价格为县城里的小区义务配送，极大方便了群众。目前，王国辉带领的民兵送菜小分队已为全县送菜15万斤。

服从命令是天职

王国辉的武汉"逆行"经媒体报道后，让他收获了亿万网友点赞。对此，王国辉说："武汉是我的第二故乡，故乡有难，我义不容辞。"

王国辉的武汉之行，同样也感动着沈丘县爱心人士。当这些爱心人士得知王国辉的蔬菜受疫情影响滞销的信息后，联手订购了王国辉的30吨蔬菜，并委托他把这些蔬菜送到武汉，为武汉人民献上一份爱心。

2月23日，在白集镇武装部部长武文哲的带领下，王国辉组织15名民兵队员把30吨蔬菜装车。2月24日上午8时，王国辉带领2名村民驾驶3辆卡车从沈丘县出发，把30吨爱心蔬菜安全送到了武汉。武汉的一位环卫工人说："这真是雪中送炭啊！我们真心感谢你们，我们从内心敬佩你们这些老兵！"

当现场采访的记者得知王国辉的爱人和孩子都在武汉时，问他是否与爱人、孩子见上一面。面对镜头，王国辉这位刚强的汉子哽咽了，他与爱人、孩子一个多月没见面了，他何尝不想见他们？但特殊时期必须遵守纪律，爱人和孩子会理解的。他擦干眼泪，继续前行，完成下一站的任务。

王国辉说："我穿过军装，就一辈子是个军人。而且我现在是民兵连长，服从命令是我的天职。习近平主席号令全国广大民兵预备役人员积极参与到打赢这场疫情防控的人民战争中，周口市委、市政府、军分区向全市广大民兵发出了参与疫情防控的动员令。我作为民兵连长必须闻令而动！"

沈丘、武汉这两座相隔千里的城市，在王国辉的"逆行"下，有了爱的传递！随后，县委、县政府、人武部又为武汉人民多方筹集了100吨蔬菜和30吨咸鸭蛋，再次委托王国辉前往武汉，送去沈丘人民的这份爱心。

3月1日5时30分，王国辉带领12名民兵，驾驶着13辆装满蔬菜和咸鸭蛋的卡车，再一次驶向武汉。

王国辉卸完最后一包蔬菜，已是当天深夜11点多了，有些疲惫的他这才拨通妻子的电话，泪水再一次模糊了他的视线……

"逆行"背后多担当

王国辉武汉"逆行"的背后,有着更多的责任担当!

1996年12月,18岁的王国辉到武汉某部服役。他一干就是17年。17年中,他参加过1998年抗洪和2008年冰灾救灾,先后在各种军事比武中摘金夺银,荣立6次三等功。

2013年12月,王国辉光荣退伍,本可以选择安置在武汉这个大都市里安稳地上下班,但他没有选择安稳,而是联合几名战友在武汉市成立武汉三和源食品有限公司,面向一些商超配送果蔬,有不错的收入。但这样安稳的日子没过上几年,王国辉又作出了让亲朋都想不到的选择:回老家"种地"。

2015年,王国辉在沈丘县退伍军人服务中心的帮助指导下,投资500万元,成立了沈丘森润种植有限公司,流转土地315亩,建立了无公害蔬菜大棚等种植基地,吸纳贫困户80户300人。

这一年,王国辉的经营赔钱了!年底发工资时,他手里的钱所剩无几,一时愁眉不展。有乡亲说:"你把实际情况给大家说说,工资少开点不就行了吗?"王国辉说:"答应乡亲的事,必须全额兑现,不能让贫困户吃一分钱的亏!""那你上哪儿弄钱去?你的贷款利息还没有还呢!""卖车!"王国辉坚定地说。王国辉把刚买的一辆18万元的车以12万元的价钱卖了,兑现了承诺。

王国辉的付出,得到了乡亲们的交口称赞。

2018年春天,王国辉被群众选举为田营村党支部书记兼村民兵连连长。当选后的王国辉不敢有丝毫懈怠,他以更大的热情投入打赢脱贫攻坚战中。

王国辉的事迹传开后,他被省、市、县表彰为"创业之星""脱贫攻坚先进个人""致富带头人"。2019年7月,荣获"全国模范退役军人"荣誉称号,2020年3月,被评为"全国最美家庭",2020年7月被评为"全国五好家庭"和"全国道德模范",2020年9月,荣获"全国优秀共产党员"和"全国抗击新冠肺炎疫情先进个人"称号。

退役军人事务部思想政治和权益维护司供稿

"让小家、大家一起富!"

毕京津

"儿子,你明年就考农业大学,以后回村和我一起种大棚蔬菜!"电话里,河南省沈丘县白集镇田营村党支部书记王国辉又在给儿子做思想工作。

拿起他的全家福,滑板鞋、渔夫帽外加时尚帅气的墨镜,王国辉读高二的儿子王鹏宇高大帅气。在湖北武汉出生长大的他,完全一副大城市男孩的样子。

"小家富不算富,大家富才是真的富!农村是广阔天地,大有可为,我和我儿子都能在这里实现自己的价值。"被问及为啥希望儿子回村,王国辉自信地说。

在刚刚过去的2020年,王国辉一家被评为"全国五好家庭",他自己也被评为"全国优秀共产党员"。爱岗敬业、努力拼搏、奉献社会,王国辉和家人的荣誉实至名归。

1978年,王国辉出生于田营村。村子人多地少,是贫困村。王国辉从小的愿望是走出农村。18岁那年,他参军入伍,到武汉做了一名空降兵,后来又做了炊事员和司务长。1999年9月,王国辉光荣地成为一名共产党员。服役十几年,他多次立功,还拿到了专业厨师证书。

2012年退役后,王国辉把家安到了武汉,和退役的战友一起搞果蔬配送,生意红红火火,慢慢积累了一定的人脉和资源。有家有事业,在大城市站稳脚跟的王国辉和家人心里十分满足。

正当王国辉决心在武汉放手大干一番时,一次回乡改变了他的想法。2015年,王国辉回乡,看到田营村还是老样子,自己上小学时走的那条烂泥路还是"晴天一阵灰,雨天一脚泥",心里很不是滋味。"是党员就要为党争光,当过兵还要再铸荣光!"他暗暗下决心,要回村干一番事业。起初,他的想法是带领村民种蔬菜,然后靠自己积累的销售渠道卖到武汉,带大家一起增收致富。

◆ 王国辉看望走访贫困户

可事情并没有他想的那么简单。第一年由于缺乏种植经验,王国辉损失不小,但他并没有放弃。卖掉了一辆崭新的小汽车,凑了12万元给老乡开工资、分红利,王国辉带着乡亲们再接再厉。3年过去,在他的带领下,田营村的蔬菜大棚种植终于步入正轨,种植面积达300多亩,带动80多户500余人成功脱贫。组织培养,村民信任,2018年王国辉被推举为田营村村支书。田营村的"贫困"帽子摘掉了,他自己也被县里评为"脱贫致富带头人"。

2020年年初,疫情袭来。"武汉人吃不上新鲜蔬菜可咋整?"王国辉挂念身在武汉的家人,也牵挂那里的战友和群众。大年三十一大早,王国辉就组织村民到他自家的蔬菜大棚里采摘新鲜蔬菜。上午10点,他开着大卡车,拉着5吨新鲜蔬菜上了高速路。渴了喝保温瓶里的热水,饿了咬一口面包,一直到晚上9点半,王国辉才赶到武汉火神山医院建设现场,把新鲜蔬菜捐赠给那里的工人。

卸完货后,手握通行证的王国辉犹豫了,阖家团圆的日子,要不要去看看妻儿?开着大货车在去高速和回家的两个方向上徘徊多次,王国辉终于做出了决定:"我得对村民负责!"王国辉在视频通话时对妻儿含泪说了没去看他们的原因。"我们理解你。我和娃待在家里不出去,别担心。"妻子的理解给了王国辉信心。

2020年2月24日和3月1日,王国辉又开车分别向武汉的两个社区和城管局捐献了30吨和130吨"爱心蔬菜"。3次去武汉,王国辉都没有回家见家人。

疫情防控期间,作为幼儿园医师的王国辉妻子王兰云坚守岗位,还自购消毒液对幼儿园进行消毒,并通过网络宣传防疫知识560次,完成心理疏导8600人次。儿子王鹏宇也主动当起了妈妈的助手,接电话、做记录、整理档案……王兰云所在的幼儿园和王国辉所在的田营村，都无人感染新冠肺炎。

"疫情防控常态化了，还是要抓好生产。现代农业需要现代人才，我计划引导儿子去学农学，掌握新技术，以后和我一起更好地发展老家的蔬菜大棚种植，让小家、大家一起富！"王国辉笑着说。

《人民日报》2021年1月13日

最美退役军人

王昌群

ZUIMEI TUIYI JUNREN

王昌群:英雄母亲初心不渝

左 超

革命、建设和改革的不同时期,总有无数默默奉献、甘于牺牲的人。

他们信念坚如磐石,身影平凡而伟大。退役军人王昌群老人就是其中的一位。

她,一位巾帼英雄,一位伟大的母亲。曾在中国人民解放军原西南军区空军司令部气象处、原云南边防公安部队某团服役的王昌群1934年生,中共党员,15岁入伍,在解放大西南、剿灭匪患的惊心动魄战斗中屡屡立功,先后荣立二等功1次,三等功4次。1954年,她服从组织安排,退役转业至云南孟连(今孟连傣族拉祜族佤族自治县),后辗转江城、勐海、思茅、文山、保山、昆明等地参加地方经济建设,为建设边疆、发展边疆、稳固边疆奉献一生。20世纪七八十年代西南边境自卫还击作战时,家中两子前仆后继,战死疆场,满门忠烈、正气浩然!

如今,这位母亲已是86岁高龄,回想起当年燃情岁月仍如数家珍，每每说起两个埋骨青山的儿子，老人家都泪眼凝噎。

川南青年憧憬革命

当年的革命青年早已是一位镌刻了无数历史印记的耄耋老人了。

来到云南省军区昆明第二离职干部休养所王昌群家里，两个已退休的女儿正陪着老人家聊天。

一进家门，一幅毛主席画像摆台端放在柜子上。客厅正堂上方悬挂着两块印有"烈属光荣"的牌匾，落款为：中共云南省委、云南省人民政府。

墙上、柜子上摆放着很多泛黄的照片，这些物件一家人都极为珍视。为来人解说着这些黑白照片的时刻，老人的思绪飞回到过去……

1949年12月，新中国成立的宣言早已传遍海内外，可祖国的大西南还没有完全解放，人民军队正所向披靡挥师大西南。

彼时，王昌群才15岁，还是重庆秀山县女子中学的一名初中生，她和同学们经常参加进步活动，对参加革命充满憧憬。

突然，有一天，人民解放军来到学校宣讲政策、招收学员，她和同学们既高兴又紧张，就向组织报了名。从此，王昌群开启了她的革命之旅。

"那时候，我住校，离家还有几十里路，我就背着家人加入了队伍。"王昌群至今回忆起那一刻的决定还很激动，加上她一共83个女同学被录取，但最后跟着部队出发的只有她和另外一个同学。

"那个时候我们家乡附近的涪陵地区还没解放，很多地方十七八岁的姑娘还没衣服穿,那种生活,苦啊!"老人家越说越激动,"在学校早就听说解放军是为穷苦百姓谋幸福的队伍,我就加入了。"

1950年10月,王昌群被安排到当时的西南军区陆海空通讯学校学习无线电报务专业,因为学习刻苦、进步快,她学了大半年就提前毕业,被分派到组建不久的西南军区空军司令部气象处从事报务工作。

"上班时,我们都是削好一大把铅笔,抄写电报时,笔芯断了赶快换一根铅笔接着抄,那是争分夺秒呀!"王昌群说,后来,部队学习苏联报务打字机作业,她是所在通讯组10多个人中第一个学会戴耳机边听边打字的报务员。

◆ 入伍后,王昌群(右)和战友们练习收发报

她负责的报务安全准确,每次都圆满完成任务,后来因执行某次重要报务任务,荣立三等功。二等功1次、三等功4次、全国总工会"优秀工会积极分子"称号、全国妇联"模范家庭"称号……家里珍藏的各类奖状证书,见证了这位热血革命者的进步追求。

扎根西南奉献一生

新中国的建设如火如荼,全国人民热火朝天地投入社会主义建设中。

转眼间，历史的指针已指向1954年。这一年新中国发生了很多振奋军心民心的大事喜事。

"我们在部队，听到国家取得的每一项成就，都感到无比自豪！"经过部队大熔炉几年的锻造，王昌群已成长为一名拥有新思想、新知识的社会主义新青年。

"我要到祖国最需要的地方去！"每次接到家人希望她回家乡工作的来信，她都这样回复。组织上也有派她前往上海军校继续深造的计划，可她早就有了自己的主意。

1954年7月17日，王昌群永远忘不了这一天。经组织批准，她和在部队相识相恋的革命青年刘斌举行了简单婚礼。第二天收拾行装，第三天就跟随大部队出发，向滇南边陲挺进。

"那个时候，几十辆解放牌汽车，浩浩荡荡，一路上扎营都要分几个地方。"王昌群说，大家对保卫边疆、建设边疆充满了期待。

部队一路辗转，从川南山区，到更加偏僻的西南边陲。"我们的目的地是孟连，当时还没有建县，路也不通，语言也不通，我们从昆明坐车到思茅，又骑马7天才到达孟连。"回忆起当时的情景，王昌群说，那时候大家的革命理想比天高，什么困难都不怕。

到达孟连后，她被分到云南边防公安某团，仍然负责报务工作。

后来，随着西南形势趋缓，大批军人特别是大部分女军人需转业到地方，本有机会转业到大城市的王昌群，选择和丈夫一起扎根南疆边陲，转业到孟连工委担任统计员，投身经济建设第一线。

孟连、江城、勐海、思茅、文山、保山、昆明，30多年里，王昌群作为随军家属，一路辗转，服从组织安排，岗位从国营商店到地方商业局再到粮油运输公司，每到一地，她都任劳任怨、勤勤恳恳工作。

身怀六甲的时候，丈夫要执行任务，还有个孩子患重病不能行走面临截肢危险，家里又没人照顾，回想起那个艰难时期，王昌群至今还泪眼婆娑。

王昌群说，和当地的傣族群众一起下地干活时，有的姐妹们还开玩笑地对她说，在旧社会，你还是"官太太"呢，哪能跟我们一起干活。"我们那时候开荒垦田，大家一起劳动、不分你我，我总是要争先进多干一点。"彼时，王昌群的丈夫刘斌已是驻地部队团级干部，但一家人没人摆官架子。

1984年11月，王昌群从当时的保山行署商业局调到省城云南省粮食厅粮油运输公司劳资科工作，在这一平凡的岗位上精益求精、兢兢业业，直至1989年退休。

后来，这家公司改制为云南汇和集团。该公司负责人事工作的韩跃平主任，曾与王昌群共事过一段短暂的时光。她说，当年王昌群阿姨工作特别认真，800多人的工资表，一个字一个字工工整整地手写造册，从来不会有差错，大家都非常敬佩，得知王阿姨家是烈属家庭，公司还经常组织拥军优属活动，到王阿姨家里帮忙。

国家有难全家上阵

20世纪70年代末80年代初，国际风云变幻，我国改革开放刚刚起步，祖国南疆却烽烟骤起。

保家卫国、还击进犯之敌成为那个时代的嘹亮号角。

边境自卫还击作战打响后，王昌群一家人几乎先后都上了阵。大儿子刘光牺牲，二儿子刘明牺牲，二女儿刘丰和女婿参加了前线救护队，时任文山军分区副司令员兼参谋长的刘斌还担任了局部方向前线指挥员，王昌群自己也参加了支前服务队……

"爸爸曾在战场上出生入死，妈妈您也是15岁就参加了革命，我想，你们一定会慢慢理解儿子的心的。即使遇到不幸，我的死也会有价值的。"这是大儿子刘光在二次上前线参战前给妈妈的信中的一句话，言语之中赤子情深。刘光首次参战立下战功后被保送到南京国际关系学院深造，毕业之时再次向组织提交了参战申请。因成绩优异，学校、云南省军区机关都要留他，但他的心早已飞向前沿阵地："为了祖国的尊严，我愿血染疆场！"

1981年12月5日，担任副连长的刘光带队侦察敌情，为保护战友，触雷牺牲。

一家人怀着无比悲痛的心情处理完孩子的后事，得知组织正在办理二儿子刘明撤回后方的消息后，身为保山军分区司令员的刘斌马上制止，他强忍悲痛却语重心长地对工作人员说："组织对我的关心我理解，可干部子女阵前都往后撤，这不是共产党员的作风啊！"身边的王昌群早已哭成个泪人。

很多同事、战友都劝道："大姐，刘司令，你们的大儿子已经牺牲在战场，不能让小儿子再上前线冒这个险了！"

3年后，1984年7月13日，战斗异常激烈，排长阵亡，副排长上，代理排长上……二儿子刘明牺牲在前线。

王昌群一夜白头，多次恸哭至休克，被送到医院抢救。

一家人还未从巨大悲痛中缓过神来，身为医生的二女儿和女婿又要申请上前线,组织一开始没有批准,但两个年轻人支援前线决心已定,刘斌和王昌群沉默许久后竟然再次答应了……

"他们是我的儿子,也是党培养的革命战士,能在祖国需要时挺身而出,作为母亲,我为他们骄傲!"王昌群老人一边抹眼泪一边说。

初心不改奋斗不止

青山埋忠骨。文山州烈士陵园、文山麻栗坡烈士陵园长眠着王昌群的大儿子、二儿子和他们的战友们,老人家每每来到这里祭奠,便触摸着墓碑久久不愿离去。

这里诞生了"不怕苦、不怕死、不怕亏"的老山精神,这里传承着精忠报国的家国情怀。

◆ 王昌群给学生讲革命传统(刘丰 摄)

多年来，王昌群老人家受邀到全国各地作报告，向各界人士、向年轻人讲述革命故事，积极参与爱国主义教育和国防教育活动，继续为党和人民贡献自己的力量。

建党节、建军节、国庆节、儿童节……她经常会受单位、社区、学校等邀请作报告，发言稿都要自己亲手写。

"老人家一心向党、满门忠烈，是我们身边的模范榜样。我们要崇尚英雄、学习英雄、关爱英雄，大力弘扬英雄精神。"王昌群所在的虹山南路社区居委会主任陈兴慧为老人的执着和忠诚所感动。

2020年疫情防控最为艰难的时期，王昌群老人拄着拐杖来到社区办公区找到陈兴慧，说要为武汉捐款，老人家把平时省吃俭用的1万元钱捐给了身陷疫情中心的武汉人民。

面对采访，王昌群说，因为疫情，湖北人民遭受了很大的灾难，国家也受了很大的灾难，家里两个姑娘都退休了，不能去支援武汉，"我只能尽微薄之力，支援武汉、战胜疫情、保卫国家"。

同在一个干休所的离休老干部遗孀王桂琴、李若，几位耄耋老人平日里一起聊天、打牌，老姐妹们都感叹说，王昌群一辈子坚持爱党、信党、跟党走，不愧是老革命！

云南省军区昆明第二离职干部休养所政委时玉逢年过节都来看望王昌群，他还经常拿王阿姨家的事迹给部队的同志们上党课，教育大家向英雄学习，向模范学习，不忘初心、牢记使命，汇聚强军梦、强国梦的磅礴力量！

退役军人事务部思想政治和权益维护司供稿

一心向党　初心不渝

宋海军　杨明月　柯　穴

2021年春节前夕，首届云南省退役军人迎新春线上音乐会在云南艺术剧院举行。因疫情防控需要，音乐会采取网络直播形式，台下的观众席空空荡荡，只坐着一位白发苍苍的耄耋老人——王昌群。

邀请王昌群来参加音乐会的，是云南老兵合唱团团长、退役军人魏邱成。"王妈妈15岁参军，先后参加过解放西南、保卫边疆等任务，2020年12月，她被评为2020年度全国'最美退役军人'。她一家8人参军，6人上过前线，5人立过功，2个儿子壮烈牺牲。"魏邱成说："我们希望用这场音乐会向这个和国家命运紧紧相连并为之奉献的英雄家庭，致以崇高敬意！"

一家六人奔赴前线——
"能在祖国需要时挺身而出，我为他们骄傲"

音乐会结束后，王昌群在工作人员搀扶下登上舞台，拉着几位合唱团老兵的手，和他们聊了起来，久久不愿离开。

由于年龄和身体的原因，王昌群已很多年没能去烈士陵园看望长眠在那里的爱子刘光和刘明。2021年清明节前夕，王昌群的二女儿刘丰代表全家人来到烈士陵园，给两个弟弟扫墓。

两个弟弟刘光和刘明，既是刘丰思念的亲人，也是她怀念的战友。1979年，刚从军医学校毕业的刘丰报名参加了前线转运伤员队。此前，他们家中已有3人奔赴前线——时任云南省文山军分区副司令员兼参谋长的父亲刘斌是局部方向前线指挥员；从部队转业后在文山州商业局工作的母亲王昌群参加支前服务队，负责接送伤员、运送食品和饮用水；大弟弟刘光是一名侦察兵。1980年年底，小弟弟刘明也参了军。

刘丰清晰地记得：1981年12月，刘光在边境执行侦察任务时不幸牺牲，父亲得知他牺牲的消息后长叹了一声，说了4个字——"尽了义务"，并安慰母亲："你是党员，要坚强。"

1984年7月13日，刘明在一场防御作战中英勇牺牲，年龄还不满22岁。

得知小儿子刘明牺牲的噩耗，王昌群一度昏厥过去，吃不下饭，全靠输液维持。"作为母亲，确实像天塌下来一样。"王昌群抹着眼泪说，"但是，他们是我的儿女，也是党培养的革命战士，能在祖国需要时挺身而出，我为他们骄傲。"

刘明牺牲仅过去14天，刘丰的丈夫、部队医院外科医生陈加勇，又义无反顾地申请上前线，参加救护队。

"二女婿是独子，我原本不想让他上战场。但二女儿给我做思想工作，她说，'妈妈，多救一个伤员，就能多减少一家人的痛苦'。"王昌群说。

两子相继沙场殉国——
"不怕流血牺牲,坚决完成任务"

"两个儿子,长大了都想当解放军!"

"大儿子爱弹吉他,爱吹口琴。二儿子爱讲话,爱打抱不平。"

……

摩挲着一枚枚军功章,王昌群说起了两个儿子的故事。

◆ 退休后的王昌群经常带着重外孙、重外孙女看以前的老照片(徐寅生 摄)

1979年,大儿子刘光因作战英勇立了战功,被推荐到原解放军南京外国语学院深造。毕业时,学校希望成绩优异的刘光留校任教,云南省军区也想留他当作战参谋,但都被他婉言谢绝。

"党给了我知识,我要把它带回连队,基层急需有专业知识的干部带兵……请你们放心,我一定争取在这次战斗中立功,为你们争光。必要的时候,我会把我的一腔热血献给祖国!"这是1981年5月,刘光写给父母的信。不久后,他毅然返回战场。

1981年12月5日,侦察连副连长刘光带领一个小分队执行任务,返程时被敌人埋的地雷挡住了去路。分队里有工兵,但刘光考虑到自己是党员干部,而且会排雷,所以排雷时"先上的应该是我"。然而,因一名战士不慎触雷,刘光倒在血泊中,壮烈牺牲。后来,他被授予二级英模奖章,追记二等功。

那时,小儿子刘明参军刚满1年。部队领导考虑到刘光已经牺牲,原本计划把刘明调离前线部队,但父亲刘斌认为不妥。在征求刘明意见时,刘明也说:"我们连队的烈士亲属有好几个,为什么不照顾他们?"

训练刻苦的刘明成为尖子班里的尖子,还光荣地加入了中国共产党。1983年,刘明服役期满,表现优异的他本有机会被推荐到军校学习,但听说部队要参加攻坚战,就毅然申请留队奔赴前线。时任保山军分区司令员的刘斌很支持小儿子的决定,他对妻子说:"部队作战前就需要鼓舞士气,儿子要上前线,我们就支持他去吧。"

在誓师大会上,担任主攻团尖刀连尖刀班班长的刘明,向党支部立下军令状:"不怕流血牺牲,坚决完成任务……"战场上,他作战英勇,荣立二等功。

1984年7月13日,代理排长刘明组织战士在猫耳洞里隐蔽,躲避敌人的炮火攻击。当炮弹又一次袭来时,刘明不幸壮烈牺牲,后被追记二等功。

精忠报国无怨无悔——
"如果打起仗来,我上,咱们家能上的都上"

"两个孩子牺牲了,悲伤是悲伤不完的,但是打起精神、硬扛着坚强起来,就能继续往前走。"王昌群说,"是党和政府以及社会各界的关心,让我更有勇气去面对。"

1986年春节,江苏省徐州市一位退役军人给王昌群夫妇写了一首长诗,题目是《我以你们第三个儿子的名义》。江苏省一所小学的41名少先队员,靠捡废品筹资买来一面锦旗,绣上"满门忠烈"四个字寄给他们。

"她不仅仅是一位母亲,更是一名党员、一名军人。"近些年,一些参加过边境作战的退役军人多次去看望王昌群。在他们看来,正是军人和党员的身份,正是坚守的初心和坚定的信仰,让这位英雄母亲受到全社会的尊崇。

1949年年底,15岁的中学生王昌群怀着对革命的憧憬,在家乡重庆报名参军,成为一名无线电报务专业的女兵,先后参加过解放西南、保卫边疆等任务。1954年,她服从组织安排转业,随丈夫刘斌一起扎根边陲,投身地方经济建设。从国营商店到商业局再到粮油运输公司,不论岗位如何调整,她始终兢兢业业,任劳任怨。

两度丧子,刘斌同样悲恸。那段时间,二女儿刘丰每晚都会看到父亲搬着小凳坐在后院悄悄地流泪。然而,这位多年征战沙场的老军人明白,既然是军人,首先属于祖国。边境局势紧张时,刘斌告诉妻子,"如果打起仗来,我上,咱们家能上的都上",并给儿女们一一去信。他的大女婿当时是一名复员军人，也向组织写下请战书，并获得在部队医院工作的妻子的支持。

2010年刘斌病故，弥留之际，他向妻子王昌群交代了3件后事：一是不抢救；二是二哥条件不好，帮助他的孙子至大学毕业；三是教育子女清清白白做人，老老实实工作。

从云南省粮油运输公司退休后，王昌群一直热心社会事业。2020年年初，新冠肺炎疫情暴发后，王昌群拄着拐杖来到社区居委会，把平时省吃俭用攒下来的1万元捐给武汉。

王昌群一直思念着两个儿子。"这个是大舅公，这个是二舅公，为了国家和平安宁，他们英勇献身了。"指着两个儿子的照片，王昌群对年纪尚幼的重外孙说。看到太姥姥抹起了眼泪，孩子转身紧紧抱住了她。

这位英雄的母亲向党的告白，朴素又深情——

"我献双子党关心，党是我的好母亲。母亲需儿作贡献，无怨无悔表忠心。"

《解放军报》2021年4月30日

最美退役军人

石炳启

ZUIMEI TUIYI JUNREN

石炳启:"大校村官"坚守为民初心

王雅楠

一名副师级大校军官,退休后回乡当起"村官";他一心一意为村民办实事、办好事,3年时间把一个班子涣散、矛盾多发、垃圾遍地的后进村变成一个村容整洁、村风文明的模范村——河间市兴村镇大庄村党支部书记、村委会主任,大庄片区党总支书记石炳启,以自己的实际行动展现着一名党员干部、一名退役军人的奉献与担当,先后获得"全国模范退役军人""全国最美退役军人""全国优秀党务工作者"等多项荣誉,并荣登"中国好人榜"。2020年7月29日,石炳启被授予"燕赵楷模"荣誉称号。

带着村民一起干

盛夏时节,走进大庄村,放眼望去,占地15亩的进村花园绿意盎然,平坦的水泥路通向村中,精美的彩绘文化墙把村庄装扮得格外亮丽，屋前栅栏交错，儿童欢快嬉戏。

"以前可不是这番景象，进村的小路坑洼不平，随处堆放的垃圾散发着臭味儿，私搭乱建的房子横七竖八。"在广场乘凉的村民张占苓说，现在村里的党员干部带头维护村庄卫生，群众积极参与，这样的环境住着舒心。

2018年，石炳启担任村党支部书记后，做的第一件事就是抓党建，想方设法让班子、村民拧成一股绳。

每周召开两次班子学习交流会，每周一次党员学习活动，每半个月给党员群众讲一次党课。定期召开党员民主生活会，不定时组织党员参加集体劳动和献爱心活动。同时，制定了大庄村班子廉政五不准，筑牢廉洁自律防线，实施会议公开、村务公开、财务公开的管理机制。

石炳启发现村内许多问题的根源在于没有规则约束。于是，他带领村"两委"班子先后制定了《大庄村房屋街道管理规定》《大庄村闲散土地回收村集体规定》等19份文件。这些文件得到了村民代表的签字认可，并通过张贴公告、大喇叭广播、公示栏公示等形式，实现了家喻户晓。

有了规定就要严格执行。《大庄村房屋街道管理规定》明确规定：住户墙皮以外，不许私搭乱建。石炳启多次到农户家中走访沟通，带领党员干部顺利拆除村内私搭乱建20多处。

解决了私搭乱建的问题，石炳启又开始规划村庄的整体建设。他首先着手解决村路积水问题，排水道需要修100余米，最深处达3米，工程造价13万元。

"大庄村拿不出这么多钱，书记召唤村民并带头动手干，最后算

◆ 石炳启（中）带领村"两委"班子研究问题

账只花了5.86万元，困扰全村多年的'老大难'彻底解决。"张占苍说，"这个休闲广场，也是石书记带着村民一块砖一块砖铺出来的，我们特别感动。"

通过全体党员和村民代表的商议，石炳启决定把街道两侧、房屋周围统一规划，栽种花草树木。村内所有空地收归集体所有，统一纳入整体规划。

不到一个月，大庄村收回闲散土地40余亩。村内建起了花园、小游园、多功能灯光球场等游玩健身场所，建设了建筑面积670平方米的党群服务中心办公楼，村容村貌焕然一新。

为了持续有效治理村庄，石炳启想方设法调动群众积极性，通过党建引领来凝聚人心，根据居民生活区域将大庄村划分为4个片区，每个片区居住的党员作为网格长，带领两名到三名网格员，负责片区内的环境卫生、党建、违建巡查等工作，并动员区域内党员群众积极参与网格工作，让大庄村形成人人有事干、人人作贡献的氛围。

带着乡亲一起富

走进大庄村东北角一处蔬菜大棚，村民王秋杰正在打理茄子。

王秋杰介绍，2020年11月，他投入6万元建成了蔬菜大棚，并引进良种，采用错季栽培方式，一茬橄榄收入1万余元，二茬香瓜收入2万元，他十分看好这茬茄子的收益。

"我投入这么大一笔资金建大棚，主要是想带个头，鼓励村民发展大棚蔬菜。"王秋杰告诉记者，搞大棚蔬菜种植以来，他的收入翻了一番。

王秋杰是石炳启发展的致富带头人。通过这种方式，引领村民转变种植观念、模式及管理方法。如今，大庄村已建起4个蔬菜大棚，全部种植了绿色无公害蔬菜。

乡村振兴，产业先行。大庄村是个农业村，村民的收入来源是农产品种植，但传统的种植模式收益较低。为了给乡亲们蹚出一条致富路，石炳启多次带领村民到河南省和河北省饶阳、肃宁等地考察，学习当地的蔬菜、瓜果种植技术，与中国农业科学院蔬菜花卉研究所合作，为村民提供优质的蔬菜种子，并定期邀请河间市农业技术指导站技术人员为村民讲解种植技术。

石炳启始终把发展村集体经济、改善村民生活放在首位。上任第一年，石炳启带领村"两委"班子，将收回的村内15亩空地种上了树苗，不仅美化了环境，还为村里赚了钱，村集体收入由以前的零收入，变为每年至少收入 10 万元。

为了壮大村集体经济，2019 年，石炳启借上级扶持村级集体经济发展试点机会，利用沧保路途经大庄村交通便利、有商业发展基础等优势，多渠道筹资 350 万元，建成大庄农产品展示中心，目前正准备投入使用。这里将成为大庄村及周边村庄的农产品展示直销、全国各地优质农产品进入河间市场的新平台。

新冠肺炎疫情防控期间，树苗销售受到影响。石炳启在带领全村做好疫情防控工作的同时，又化身"在线销售员"，在朋友圈里为村民"带货"；需要线下接待客户、运送树苗，村"两委"干部全部代劳。村民们都说："有石书记在，我们心里特别踏实，只管好好种树，不愁没销路。"

"作为村党支部书记，就是要为村民服务，带领乡亲共同致富，过上幸福生活。"石炳启说，村庄近期工作目标和远期发展规划已经确定，要扑下身子，誓把大庄村建设得越来越好。

带出文明好村风

"村庄美了，村庄富了，文明风气也要提高。"为了培育文明的乡风民风，石炳启着眼大庄村农民的生产生活特点，从良好行为习惯养成和核心价值观普及入手，以"零彩礼"婚礼为抓手，积极推进移风易俗。

7 月 30 日，在河间市双枪车业的门店里，记者见到了大庄村第一位"零彩礼"姑娘石静，她和丈夫正忙着装货。

石静大学毕业后回家和爸妈一起做生意，在县城开店经营电动三轮车、电动自行车。2018年4月，经朋友介绍她认识了外村的孙征明。2019年2月，举办了"零彩礼"婚礼。

提起"零彩礼"，石静说："我们商量结婚时，村规民约已经出来。我本来就对高价彩礼很反感，当时就决定，结婚时要做一名'零彩礼'新娘。"

石静的母亲杨小经说："对于家里有女儿的农民来说，彩礼不是钱的问题，主要是面子，人们总觉得彩礼要少了或不要，闺女就'不值钱'了。不仅是彩礼，摆多少桌酒席，放多少鞭炮，村民们都在私下攀比，这种风气早该刹一刹了。"

为了制止人情攀比、大操大办、铺张浪费等不良婚俗现象，减轻高价彩礼给农户带来的负担，石炳启重新整合了红白理事会，推动制定村规民约，红白喜事都要按规矩来办。如今，大庄村已举办了10场"低彩礼、零彩礼"婚礼，村民们纷纷称赞。

在摒弃陈旧风俗的同时，石炳启还不断倡树新风。现在村里过年也和过去不一样了。每年大年初一，大庄村的村民聚在广场上，进行团拜贺年。年幼的孩子先向长辈拜年，长辈随后抱拳回礼。拜完年，村民们扭起大秧歌、开起联欢会，最后一起畅谈村庄的未来发展。

石炳启坚持村"两委"主导与村民自治相结合，宣传教育与制度约束相结合，党员干部带头和社会总动员相结合，通过完善机制、示范引领、宣传带动等行动，推动移风易俗实现制度化、规范化、常态化。

村里成立的村民矛盾纠纷调解委员会、村青年先锋队、退役军人志愿服务队、村民爱心帮扶队等各类群体各司其职，各负其责，在乡村发展中发挥了重要作用。村民王青茹说:"凡是受苦受累搭钱的活儿,石书记就带领党员干部往前冲。在他的带领下,大庄村的村风发生了明显转变,村里有什么事,人们都积极参与。"

"我是一名党员,村民幸福我就幸福,村民快乐我就快乐,这是我的初心。"石炳启说。

退役军人事务部思想政治和权益维护司供稿

"大校村官"为民谋福利

章 文

"全国模范退役军人"、河北省河间市兴村镇大庄村党支部书记石炳启,至今仍保持着在部队养成的早起习惯,每天早晨都要在村里走一遍,发现问题及时处理。他说,当"村官"就要为村民谋福利,把村庄建设得越来越美丽。

1958年,石炳启在大庄村出生。他20岁参军,在解放军某通信部工作了30多年,从一名普通士兵晋升至副师职干部,大校军衔。

从军期间,石炳启一直心系家乡。2017年1月,他退休后回乡小住。当时村里迫切需要一个有威望、有能力的带头人,带领大家一起致富。石炳启为人正直,办事雷厉风行,在村里很有威望。无论是兴村镇党委还是广大村民,都觉得他能行。

家人和朋友听说他要舍弃北京安逸的生活,回老家当村干部,都劝他:"农村工作不好做,得罪人不说,弄不好还得把多年的好名声给搭进去。你这么大岁数了图个啥?"石炳启回应说,自己就想为村里干点实事:"我一不为钱,二不为名,三不为权,只因为我是党员,是军人,是大庄村的娃。"

2018年,石炳启和老伴儿一起回到老家,担任大庄村党支部书记。

◆ 石炳启带领村民修建路肩

进村的小路坑洼不平,随处堆放的垃圾散发着臭味,私搭乱建的房子横七竖八……这些难题,都需要石炳启尽快解决。经过走访,石炳启发现,这些问题和矛盾,都是村里无相关规定导致的。于是,他带领村"两委"班子制定了《大庄村房屋街道管理规定》《大庄村闲散土地回收村集体规定》《大庄村环境卫生管理规定》等19份文件。这些文件得到了村民代表的签字认可,并通过张贴公告、大喇叭广播等形式,实现了家喻户晓。

有了规定,关键在于严格执行。《大庄村房屋街道管理规定》明确：不许私搭乱建。石炳启多次到农户家中沟通后，村里顺利拆除私搭乱建 20 多处，并在街道两侧、房屋周围统一栽种花草树木。

就这样，不到一个月的时间，大庄村共收回闲散空地 40 余亩，相继建起垃圾收集站点、公共小花坛、游乐园、多功能灯光球场等设施，还建起村民文化综合服务楼，村容村貌发生了翻天覆地的变化。

为了村庄有效治理得以持续，石炳启想方设法调动村民积极性，形成人人有事干、人人作贡献的氛围。他在村里组建老年监管队、村民矛盾纠纷调解委员会、青年先锋队、退役军人服务队、村民爱心帮扶队等组织，在村庄共治、共建、共享方面发挥重要作用。

村风和、村庄美、村民乐。在石炳启的带领下，如今的大庄村变成了远近闻名的"模范村"。

2019 年，大庄村借上级扶持村级集体经济发展试点机会，利用沧保路大庄路口的交通便利优势和良好的商业发展基础，投资 350 万元建起大庄农产品展示中心。谈到远期规划，石炳启说，未来大庄村要联合周边村庄，建立农业产业区，以村集体经济组织、合作社为龙头，做大做强蔬菜、树苗等特色产业，带动更多村庄共同致富。

《光明日报》2021 年 7 月 11 日

最美退役军人

牛何松

ZUIMEI TUIYI JUNREN

牛何松：太行山上新愚公

路丽华

一张风霜雕刻过的脸，像粗糙而又坚韧的松树皮。

一身洗旧了的军装，陪伴他历经军营血与火的淬炼，如今，又成为他在太行山上开山筑路的"战袍"。

一桩桩在普通人听来自己能做却不会做到的事情，彰显出一个自主择业干部倔强的担当。

从武警山西省总队晋中市支队副营职宣传干事到后脑村民兵连长，从"最美兵哥哥"到"新时代愚公"，牛何松转变的是身份，不变的是"忠诚为党，勇于担当"的军人本色。

后脑村是一个靠修路脱贫、靠旅游吃饭的山村。走过牛何松刚修的两条山路，不禁想起一首歌，"泥巴裹满裤腿，汗水湿透衣背。我不知道你是谁，我却知道你为了谁……"

他是谁？他是享誉全国的"最美兵哥哥"

22年军旅生涯，牛何松用热血在中华大地上书写下"最美"二字，奉献出军人的大爱，蕴含着道德的力量。

他是一抹反恐处突、冲锋陷阵的"橄榄绿"。当乌金山国家森林公园被烈焰吞噬时，他与10名"敢死队员"赴汤蹈火，置生死于度外。大火见风转向，疯狂扑向他们，他与战友跳跃着冲出丛生的荆棘才躲过一劫。

当昔阳县三都煤矿发现爆炸物时，作为武警排爆骨干，在情况不明、处置无从下手之际，他主动请缨靠近爆炸装置，连拍照带侦察，捕捉到有效信息，给指挥部提供了赖以决策的参考，险情才得以排除。

22年，100多次"明知有危险，却向险中行"，在生与死的考验中，他交出了一个军人优秀的答卷。

他有一副红心向党、扶贫济困的"热心肠"。他不过是穷山沟里走出来的普通一兵，却乐善好施，用自己并不丰厚的收入累计扶贫济困10多万元，长期资助贫困失学儿童12名，遍布全国4省6市，而且还捐建了1所希望小学。

善厚德高，社会各界的鲜花与掌声向牛何松涌来：他是军营里的"好战士"，共荣立个人一等功、二等功、三等功11次；他是群众眼里的"最美兵哥哥"，获得中国好人、全国道德模范提名奖、中国儿童慈善奖、全国向上向善好青年、全国拥政爱民模范、武警部队优秀共产党员、感动山西十大人物等荣誉。尤其是在2013年9

◆ 2019年7月26日，牛何松获评"全国模范退役军人"

月26日，他还受到了习近平总书记的亲切接见。

2017年3月，牛何松退役了，"第二故乡"晋中的多家单位向他抛出"橄榄枝"。最终，他根据自己的特长选择了晋中日报社。这意味着，他可以在媒体的平台上"唱响主旋律，弘扬正能量"，也可以守着妻儿在这个与省会太原同城的都市过上幸福的生活。

作为一名自主择业干部，他有着固定的退役金，有房有车，孩子还小，没有后顾之忧，每天看看书、读读报，喝喝茶、聊聊天，逛逛街、遛遛狗，旅旅游、度度假……然而，一次关键性的抉择，让他走上了返乡之路。

为了谁？为了家乡父老脱贫致富奔小康

"他在军营锤炼出一副铮铮铁骨，遇事，敢担；遇难，敢上；遇战，敢胜。""骨子里的英雄主义情结与厚重的道德力量交汇，成就了一个军营里走出的全国道德模范人物。同样是这股劲儿，推动他重返家乡与父老乡亲一起向贫困宣战。"

受党和军队培养教育 22 年的牛何松,虽然脱下了军装,但始终保持着为党分忧、为国奉献、为民服务的军人本色。2018 年 2 月 21 日,自主择业不到一年的他,挥泪告别晋中日报社体面的工作,放下温馨舒适的生活,回到老家长治,受聘担任后脑村民兵连长。

后脑村与闻名遐迩的太行山大峡谷青龙峡景区山水相连,与青龙潭瀑布咫尺之距,但是,仅仅几百米的距离却造成半山腰的后脑村与山脚下的青龙潭贫富两重天。

难道后脑人就不能吃上"旅游饭"?作为热爱母土的赤子,牛何松始终觉得后脑村是太行山大峡谷景区的遗珠,他有责任让家乡绽放光华。他思考着,行动着。一部相机,一支笔,101 篇宣传报道,在各级媒体相继推出。他希望自己的心血之作能为家乡招来慧眼识珠的投资商。然而,半年多过去了,没来过商人,更没见到投资。

就这样偃旗息鼓吗?军人的血性再次迸发出来,"'等靠要'的思想坚决不行,我必须先蹚出一条路子来。"他与村"两委"成员一起勘察后,决定从后脑村向青龙潭瀑布修砌一条旅游步道,彻底打通这条"断头路",继而打开后脑旅游的大门。

2018 年 9 月 3 日,他在自己的微信朋友圈和后脑村村民微信群里,发出了《致后脑村父老乡亲的一封求助信》,以及《关于在后脑村先行试点开发旅游的建议》,郑重宣布自己将开山修路,希望乡亲们都能帮帮他,修出旅游路,打开致富门。

从此,山腰上竖起一面鲜红的旗帜,上写"立下愚公移山志,脱贫攻坚奔小康"几个醒目的大字。老支书李文福、老村委主任牛海付、妇女主任李淑芳、共产党员、退役军人、村民代表都朝着飘

◆ 牛何松用小电锤破石头

扬的红旗走来……一场征服自然、拔掉穷根的战役,就这样在太行山深处打响了。

这是一条需要怎样开拓的路啊?虽然它全长只有470米,宽2米,但必须在陡坡和崖壁上开凿,全部要用石头垒砌,与山脚下的平地呈60度角,斜搭在半山腰上。由于地势险峻,难以使用机械,所以,每一块巨石都要几个壮劳力联手撬起,然后,用器具破成小块,肩背手抬才能运到筑路工地。

这是愚公移山般的坚定与决绝。修路期间,有几次滚落的石头向他奔来,生死就在擦肩而过之际;在无法直立行走之处,大家拄着拐杖一步一步向前挪;至于,荆棘划破手,虫子咬伤脸,更是家常便饭。蜀道难,难于上青天。后脑人修路,无异于上青天。然而,牛何松与他带领的筑路大军,即便天天劳作腰酸腿痛,也是人人精神抖擞尽开颜。因为,他们知道,天不能改,地一定要换,只要心中有信念,眼里就会有光明。

其实这里本没有路,只不过有人敢开山凿壁便有了路。寻求脱贫致富的途径又何尝不是这个道理?

牛何松

他"傻"吗?"新时代愚公"太行山上铸忠诚

当年,"全国道德模范提名奖"让"最美兵哥哥"闻名遐迩。如今,"全国模范退役军人"让"新时代愚公"再次声名鹊起。

正如传说中的"愚公"会遭遇"智叟"的嘲笑一样,有一些"聪明人"也在质疑牛何松的动机。"他是不是当兵当'傻'了,这样做图什么?"

图利?牛何松自掏腰包,变卖家产,还欠下30万元的外债,修路修得都准备卖掉晋中的房子了!

牛何松倾尽所有,开山修路,到底图啥?

在牛何松居住的石头小屋墙上,挂着习近平总书记两次亲切接见他的巨幅照片。忆及往事,他依然情绪激动:"当时,握着伟大领袖的手,凝视着总书记充满期许的目光,我心潮澎湃。没思路了,看看就有了方向;干活累了,看看就感到欣慰;泄气了,看看又充满干劲儿。"这就是牛何松向党看齐、追随前进的力量之源。

"我就是不想再让乡亲们继续穷下去苦下去了。"心之所愿,无所不至。2019年,新时代愚公路修通后,牛何松本来可以返回城里好好享受天伦之乐,但是考虑到乡亲们的生活还很穷、日子还很苦,他再次说服妻子,返回老家。

为了如期实现党中央和习近平总书记关于脱贫攻坚工作的重要指示精神,确保后脑村的老百姓能够在2020年年底和全国人民一道迈入全面小康社会,牛何松再次带领父老乡亲,重新开凿出一条3000多米长的旅游山路,把亟待开发的青龙洞、马总兵寨、龙王庙等多处景观连接起来,形成了独具特色的旅游山路网,吸引着全国游客来此赏景漫步,让乡亲们真正地脱了贫,致了富,奔上了小康道路。

是啊,脱贫攻坚就需要这样的"傻劲儿"。因为"傻",牛何松才敢想别人所不敢想;因为"傻",牛何松才敢做别人所不敢做;因为"傻",牛何松才能办成村里几代人想办却办不成的事。

两条山路,3500多米长,上千级石头台阶,10万多块石头,这不是一串简单的数字罗列,而是牛何松用了3年时间,带领乡亲们愚公移山,向着脱贫攻坚决战决胜的战斗成果。

离开太行山,再次望向牛何松,感觉他就像一棵咬定太行山的青松,在破岩中立根,愈显挺拔,愈加苍劲。

退役军人事务部思想政治和权益维护司供稿

牛何松：牛劲儿蹚出致富路

刘小兵　张文举

"我们庆红客栈是全村第一个农家乐，起名'庆红'寓意红红火火，没想到它真的红火起来了，多亏了'当代愚公'牛何松带领大伙儿修通了这条旅游路。"山西省长治市壶关县桥上乡后脑村庆红客栈主人牛慧凯开心地说。

牛慧凯说的这条旅游路，是一条 470 米长的山间石阶路。它将太行山大峡谷青龙峡景区和后脑村连了起来，为村民开辟了一条"致富路"。带领村民修通这条路的牛何松是一名退役军人，他曾获得"中国好人""全国向上向善好青年""全国拥政爱民模范""感动山西十大人物"等诸多荣誉。

后脑村由于地处偏远山区，曾是远近闻名的贫困村。2017 年 3 月，牛何松从武警山西总队晋中支队退役后选择了自主择业。"自己过上了好日子，可家乡怎么甩掉穷帽子呢？"2018 年 2 月，他从报社辞职回到后脑村，担任村里的民兵连长。他通过深入走访，精心采写了数篇宣传后脑村美景的文章，却迟迟未等到投资人。"'等靠要'的思想不能有,我必须先蹚出一条路子来。"实地勘测后,牛何松决定开辟一条从青龙潭瀑布通往后脑村的旅游步道,以振兴乡村旅游事业。

◆ 牛何松背着工具上山修路

2018年9月3日,牛何松带领村里的民兵和老人妇女向荒山发起挑战。由于山高、坡急、路陡,大型机械无法施工,全靠人力凿石运石。再大的困难也阻挡不了牛何松前进的步伐,因劳累过度患上腰椎间盘突出他也不后退一步。正是凭着一股军人敢打必胜的战斗精神,牛何松带领乡亲们修成了几代人想修而不敢修的致富路,将荒山陡坡变成了旅游步道。

"今天下午,后脑村连接青龙潭瀑布的荒山陡坡全线贯通了,现经测量,步道全长470米,共砌了359级石头台阶。"2018年12月18日,牛何松在微信朋友圈里宣布初战告捷。修栏杆、铺泥浆、修厕所……2019年5月6日,壶关县太行山大峡谷青龙峡景区经理冯斌走完359级台阶后,既惊叹又惊喜,惊叹的是"修这条山路太不容易了",惊喜的是"游客可以沿路到后脑村休闲"。

经过安全评估,从后脑村通往青龙潭瀑布的"通途"终于打开了。现在,后脑村的第一家农家乐庆红客栈红火营业,山楂、核桃、柿子等土特产足不出户就能大量售出。"我希望和乡亲们一起沿着自己开辟的致富路,继续创造幸福生活。"牛何松说。

《光明日报》2020年5月21日

最美退役军人

邝远平

邝远平：跨越万水千山撒播人间大爱

吕高排　王际凯

武汉市委、市政府2020年4月30日专门给邝远平当执行主席兼秘书长的海外湖北社团合作联盟发来感谢信：充分体现了侨界深厚的家国情怀和守望相助的社会担当，为我们战胜疫情增添了信心和力量。

湖北省委一位领导评价说：远平给力，辛苦了！谢谢！现在的人会记住为疫情防控作出贡献的人，这些人将被光荣地载入史册！

在抗击新冠肺炎疫情中，湖北省关爱退役军人协会副会长、炎黄集团董事长邝远平，以大手笔、跨国界、多角度、全方位的抗疫行动和突出贡献，展现了一名退役老兵的本色情怀和企业家的使命担当，赢得了各方称道。

在前不久举办的中国品牌节年会颁奖盛典中，邝远平获评2020抗疫致敬品牌人物。他还被中共中央宣传部、国家退役军人事务部和中国人民解放军总政治部联合授予全国"最美退役军人"。

邝远平

两度包机，把医疗物资送到最需要的地方

疫情初发时，到澳洲看望儿子，定好回国机票的邝远平因航班中断被滞留在了悉尼，为家乡牵肠挂肚、心急如焚的他，想出了自己参与抗疫的方式。他利用自己在商界任职身份和人脉资源，在澳洲发起与组织澳洲华人华侨联合抗疫协调小组。

疫情暴发后，邝远平就在澳洲和湖北组建1000人抗疫志愿队，发起设立澳洲湖北社团联盟、澳中慈善协会。他首先向澳洲华人华侨发出征集令，采购募集到近亿元抗疫物资，包机免费承运防疫物资到武汉。他再以海外湖北社团合作联盟名义向全球78国156个湖北社团发出倡议书，又募捐近亿元医疗物资。

知名企业家伟鹏集团董事长喻鹏先生这样描述他："抗疫期间，他不眠不休，随叫随到，好像铁打的人一样。"经过多天的连续奋战，以每天只睡两三个小时、嗓子嘶哑、身体极度疲惫的代价，他和家人、同事终于筹集到100多吨的防护服、口罩、插管机、制氧机等医用物资用品。

如何将这堆积如山的抗疫物资以最快的速度运回国内，这是邝远平必须打赢的又一场战役。

他深知这些物资对于当时一罩难求、抗疫医疗用品极度匮乏的武汉意味着什么。军人出身的他咬紧牙关往前闯，一次次失望又一次次努力，经过与中澳两国多地民航、交通、海关、检疫、侨务等10多个部门（系统）以及航经国相关部门的紧急联系磋商，甚至不得不报请外交机构出面协调，这种大爱和努力感动了很多人，航路

最终得以打通。

提起包机经历，邝远平直呼惊心动魄，任何一个环节出现问题，都会影响那些急用物资的使用，影响一线的抗疫工作。"要是在平时，30个工作日审批完就算快的。而这次，他们仅用了2天多的时间。"

2020年2月24日晚21时，飞机降落在已进入战时状态的武汉天河机场，等办完人员健康证、车辆物资通行证等手续，已近次日黎明。当物资开始分发，听着参与工作的家人们沙哑的声音，邝远平忍不住潸然泪下。他远程指挥集团员工、妹妹、妹夫和弟弟、弟媳、侄女与志愿者一道去分发物资。通过湖北省慈善总会，物资分300批次，送到武汉、黄冈、孝感、仙桃、黄石、宜昌、鄂州等地，支援湖北省及武汉市的医院、学校、儿童保健院、幼儿园、养老院等社会福利机构。

2020年4月8日，武汉"解封"。看到澳大利亚疫情日趋严重，人心惶惶，邝远平和澳中慈善协会的合作伙伴组织包机，救援澳洲。

这趟航班是武汉天河机场恢复后首架国际商业货运航班，飞机满载70余吨防疫物资直飞悉尼。"当时我们出资购买了120万只口罩、上万套防护服、护目镜，10万双医用手套，支援澳大利亚。"邝远平说，包机降落后，又满载澳洲羊肉、奶粉、三文鱼等生活物资从悉尼返回武汉，支援武汉复工复产，"4万公斤澳洲羊肉、近2000箱奶粉及1000公斤大西洋鲑鱼，价值600多万元。"这些物资通过湖北省青少年发展基金会分送到湖北省各地。

前后两次包机捐赠，邝远平和合作伙伴花了1000多万元运费，他觉得很值,"一方有难八方支援,何况这是我生活的地方。我是一名老兵,也是共产党员,这些都是我应该做的。"

宅心仁厚,全家四代接力抗疫

他一家四代人,妈妈、儿子及孙女,每人向宜昌枝江问安镇卫生院捐赠一台美国产医用制氧机,每台5980元。

问安镇离湖北省枝江市区15千米,总面积160平方千米,辖23村。邝远平居住在澳洲,远隔千山万水,怎么选上这偏僻乡镇?

原来,邝远平曾去枝江谈过项目,与问安镇有联系,这镇特别有文化底蕴,刘备与曹操在南阳新野战败,两位夫人辗转于此,关羽每半月去问安,故此得名。有情有义之地,印象深刻。

这次新冠肺炎疫情严重,乡镇卫生院缺医少药,更没制氧机,他得知消息后,琢磨用何种法子帮其渡过难关。他立即与母亲、儿子商量,一家四代每人为该镇卫生院捐赠了一台制氧机和500套防护服,经济又实用。

邝远平母亲一生节俭,而当老人家听说有医院缺少防护服时,非常着急。老人家说:"过去发猪瘟和鸡瘟,我见识过,太可怕。这下,发人瘟可不得了,没装备如何救人?"

在谈到向问安镇捐赠制氧机时,儿子邝幸毫不犹豫地答应了,还主动提出,以三岁半女儿名义再捐一台。小不点的压岁钱就这样被"挪用"了。

除了捐赠和专机运送物资,邝远平还出资联合澳洲湖北社团联盟和国内外的著名艺术家，先后创作发布了《让爱回家》《武汉欢迎你》《我们在一起》等抗疫主题歌曲，为家乡抗疫送来了精神力量。特别是《我们在一起》，9月30日晚在央视国庆晚会播出，韩雪和唐嫣合唱，引起巨大反响，共同家园，共同守候。

从士兵到商人，他闯出另一片天

高个子，腰板直直的。尽管已经57岁，但邝远平身上的军人气质，没有消退。

自己之所以会跟那些国外媒体较真，和他在部队历练分不开。

邝远平祖籍黑龙江省牡丹江市，在重庆长大，1981年参军，成为一名边防战士，驻守在当时中苏边境。

1983年冬天，时任侦察班长的他回重庆探亲，萌生了一个大胆的想法——把重庆柑橘和榨菜运到东北。

在那个物资匮乏的年代，这种做法有些另类，好在邝远平得到了部队领导支持。他说："9万斤榨菜、6万斤柑橘，从产地直接运到东北，帮部队省下两三万元采购费，不仅能让战友们大饱口福，还解决了这些产品滞销的问题。"那一次，他荣立三等功，也被湖北省军区首长看上，调到湖北。随后还被推荐考军校，进入当时第二炮兵指挥学院（现中国人民解放军火箭军指挥学院）学习，成为干部，被分配到湖北省军区招待所负责接待工作。因为经营业绩突出，不到3年，他就被提升为湖北省军区招待所副所长、湖北复兴饭店常务副总经理。

邝远平是个乐于助人的人。

1987年8月的一天，已调入湖北省军区招待所工作的邝远平在武昌火车站接客人。在站前广场，一位拎着大包小包的旅客准备过马路，突然一辆红色富康出租车冲过来，眼看就要撞上那人，邝远平一个箭步上前，一把推开那名旅客。由于车速太快，两人都被带倒。那名旅客身上多处受伤，陷入昏迷。"当时我拜托同事先去接客人，然后我把那位旅客送到医院，垫付了医药费。"邝远平说，前后十几天，自己垫付了7000多元生活和医药费，一直照料旅客至伤愈才将其送回河南老家。

此事被媒体知晓后进行了报道，邝远平胸前也因此多了一枚二等功勋章。

邝远平还是个喜欢挑战的人。

在部队，他从湖北省军区招待所副所长、湖北复兴饭店常务副总经理，调至湖北省军区企业管理局武汉广源实业集团任总裁助理，成为副处级干部。

在许多人看来，领导器重，在部队的前途一片光明，邝远平应该会在部队一直待下去。但是，邝远平不这么想。

"当时，市场经济蓬勃发展，更利于施展我的经营才能。"邝远平说，1996年，自己选择了转业到地方工作，进入当时的湖北省第二轻工业局工作，随后进入猴王集团武汉总公司担任党委书记、总经理，负责管理下属20多家企业。

到了2000年，他选择辞职经商。从创立炎黄光谷科技股份有限公司、武汉光谷微电子股份有限公司，到组建炎黄集团，20年时间里，邝远平探索出"国家资金引导，民营资金参与，专业团队和专业化公司管理，推进创投企业健康快速发展"的模式。集团涉足科技园区开发运营、高新技术企业孵化、股权投资、能源环保、半导体及大健康六大领域。

老兵创业，他无私伸出援手

热心快肠，是许多朋友对邝远平的评价。

1998年抗击长江流域特大洪水，他组织员工捐款捐物，包揽了一个抗洪连队46天的做饭、送饭任务，还出资30万元支持举办感恩子弟兵的《长城颂》文艺晚会。他被评为全国优秀转业退役军人、98时代人物。2008年汶川抗震救灾，他不仅带领员工捐款捐物，还派出一个小分队直接参与到现场救援和灾后重建之中。

他资助了几所大学的几十名贫困学生，还到重庆、保康和蕲春农村资助贫困家庭的中小学生。

55岁的周正清也是一名退役老兵。

当兵10年，1993年退役后，他回到老家松滋市，进入商业系统工作。之后下海经商，做过天然气业务、做过房地产开发。

2016年，国家网约车新政发布，看到商机的周正清决定进入网约车市场，在深圳创办了万顺叫车。

那时，网约车市场群雄逐鹿，周正清打造的"合伙人制度"，成为其中的"另类"。

2018年，周正清在深圳遇到了邝远平。

"深圳房租和人工都太高了，我想另外找个地方。"了解到周正清的苦恼，邝远平建议他"回湖北创业"。"我们都是退役军人，所以有很多共同语言。当时他有顾虑，因为拿到网约车运营牌照不容

◆ 邝远平在炎黄集团打造的武汉为侨服务产业园"侨梦苑"留影

易,如果把公司直接搬到武汉,会受影响。"邝远平说,自己给周正清出了个主意——在武汉成立万顺叫车(武汉)集团总部,把深圳公司的业务纳入进来。

建集团总部,需要地方政府支持。

邝远平积极协调武汉市东西湖区委区政府,帮助万顺叫车与区政府达成协议,由区政府免费提供6层楼的办公场地,还承诺提供65亩商服用地,支持建设万顺叫车武汉集团总部。

不仅如此,邝远平还积极帮助万顺叫车引进投资人,派出投行团队进行帮扶,推荐了一名证券公司高管给对方。

此外,邝远平还推荐周正清当湖北省企业家联合发展促进会副会长,介绍他加入湖北省关爱退役军人协会,并在多个活动上推荐万顺叫车。在邝远平的鼓励下,万顺叫车项目参加了2020年的湖北省首届"军创杯"退役军人创业创新大赛，斩获第一名。

"周总的项目能解决5000多名退役军人就业，他的公司在武汉发展需要各方面朋友帮忙，作为一名'老班长'，我当然义不容辞。"邝远平说，"我做这些事不图经济上的回报，只希望能帮助更多的退役军人成功创业。"

退役军人事务部思想政治和权益维护司供稿

"兵"心一片报家国

杨明月　黄予州　李　端

2021年5月下旬,退役军人事务部组织30多位全国"最美退役军人"赴海南疗养学习。2020年度全国"最美退役军人""英雄母亲"王昌群给大家作了一场报告,讲述了这个英雄之家8人参军、6人上前线、2人壮烈牺牲的故事。

同为2020年度全国"最美退役军人"的邝远平在台下聆听报告,深受感动,"两个儿子的牺牲,并没有击垮这位伟大的母亲。王昌群老人初心不改、一心向党,是新时代退役军人学习的榜样,值得我们所有人尊敬。"

2020年12月,由于在抗击新冠肺炎疫情期间展现出退役军人的本色和优秀企业家的担当,湖北炎黄集团董事长邝远平被评为全国"最美退役军人"。"国家给了我这样一个至高无上的荣誉,我要对得起这份肯定。"邝远平开始更深入地审视自己"退役军人"的身份,思考能为退役军人及军烈属做些什么。

闻令而动　举家抗疫

2020年年初，新冠肺炎疫情发生后，正在澳大利亚看望儿子准备返程的邝远平，因航班中断滞留悉尼，心急如焚。

"祖国母亲有难，我们作为她的儿女，这时候不站出来，更待何时……"2020年1月29日，澳大利亚侨界成立的"武汉抗疫筹委会"举行新闻发布会，邝远平发出倡议。

邝远平的儿子邝幸当即捐出20万元，父子俩开始为筹集物资四处奔波。

儿孙的举动，也打动了邝远平年迈的母亲，她向湖北一家医院捐款5万元。邝远平3岁半的小孙女也捐出了自己的压岁钱，"为湖北的小朋友捐一台制氧机"。

"我的弟弟、弟媳、妹妹和妹夫都当过兵。为了帮助武汉，一家人拧成了一股绳。"邝远平说。

为了尽快筹集抗疫物资，邝远平陆续向当地华人华侨和78个国家的侨商侨社发出倡议，最终筹集到共计100多吨的防护服、口罩、呼吸机和制氧机等物资。这些抗疫物资怎样能在最短时间内运往武汉？邝远平报请我国外交部门出面协调，与民航、交通、海关、检疫、侨务等10多个部门多次联系，打通了飞往武汉的航路，架起了一座"爱心桥"。

2月24日晚，一架飞机降落在武汉天河机场，经过湖北省慈善总会的安排，物资分批次运往武汉、黄冈、孝感等地的医院、福利院、养老院等医疗和社会福利机构。

4月9日，邝远平再次组织包机，将羊肉、奶粉等生活物资运往湖北，慰问全省社会福利机构、学校和一线抗疫人员。

"作为一名退役军人和党员，在国家危难的时刻，我只是做了应该做的事。"邝远平说。

家国为重　奉献为荣

1981年，高中毕业的邝远平从重庆入伍来到遥远的黑龙江，成为一名边防军人。

在东北的冰天雪地里，邝远平用身体"丈量"着祖国的边防。出任务侦察时，他和战友们趴在雪地里潜伏，"最长的时候一口气趴了7天"。回忆那段青春岁月，邝远平自己也很感慨："那时候我们真是甘洒热血写青春。"

20世纪80年代，边防部队物资比较匮乏。1983年冬天，时任侦察班长的邝远平回重庆探亲，看到家乡又大又甜的柑橘十分便宜，却因运输不便很多只能烂在地里。他萌生了一个大胆的想法：采购重庆的柑橘运到黑龙江供给边防部队。邝远平的提议被上级采纳后，部队派邝远平和战友到重庆采购了7万斤柑橘，既为重庆当地群众解决了柑橘滞销问题，也为部队降低了采购成本，为边防官兵弥补了水果的短缺。邝远平因此受到表彰，后来被推荐到原第二炮兵指挥学院工程管理专业深造，毕业后被分配到湖北省军区工作。

1987年8月的一天，邝远平在武昌火车站接人时，眼看一辆疾驰的出租车要撞上一位拎着大包小包过马路的旅客，他一个箭步上前推开旅客。由于车速太快，两人都被带倒在地。邝远平把受伤的旅客送到医院，不仅为他垫付了医疗费用，还在医院帮忙照顾了十几天，直到痊愈。此事被媒体报道后，邝远平胸前多了一枚奖章。"当新兵时班长就教育我们要多做对社会、对群众有益的事。作为一名军人，这种理念已经在我们的头脑中扎根了。"

1996年，邝远平脱下军装转业到武汉。2000年，他选择自己创业。"是军营教会我什么是执行力和团队意识，是部队培养的坚韧不拔的意志让我几经挫折后坚持了下来。"邝远平表示，自己能有如今的成绩，离不开国家、军队和组织的培养，离不开党和国家的好政策，所以要心怀感恩主动回报社会。这些年来，邝远平所在企业在援建希望小学、资助贫困学生、向灾区捐款等公益活动中从不缺位，用实际行动积极践行社会责任。

心系战友　情牵烈属

和邝远平一样，55岁的周正清也是一名投身商海的退役军人，2016年在深圳创办了一家网约车公司。2018年，周正清在深圳遇到邝远平，共同的军旅情怀让他们一见如故。了解到周正清有回湖北创业的想法后，邝远平帮他协调，让他的企业重心转回了武汉。

"这个项目能帮助武汉5000多名退役军人就业，作为一名'老班长'，我义不容辞。"2015年，邝远平的企业发起成立一家投资创业公司，专门帮助退役军人解决创业无经费、无项目的难题。"退役军人为国家奉献了青春和热血，我希望能实实在在为他们做点事。"

◆ 邝远平在办公室阅读《中国退役军人》，他时刻关心着这个群体

邝远平说。

2021年1月武汉"两会"期间，邝远平以武汉市政协委员的身份提议设立湖北省慈善总会企业家爱心基金。为尽快让这项基金"落地"，邝远平多次与湖北省关爱退役军人协会、湖北省企业家联合发展促进会沟通交流，得到许多企业家的积极响应。3月11日，湖北省慈善总会企业家爱心基金成立，邝远平带头捐款捐物达270万元。

5月12日，邝远平与2018年度全国"最美退役军人"陈堃源所在的江西兵哥集团签署合作协议，帮助退役军人和返乡大学生量身定做就业创业平台，同时在科技助农、开展关爱退役军人公益活动等方面进行合作。

"获得'最美退役军人'的荣誉，对我来说是一个新的起点。作为湖北省关爱退役军人协会副会长,未来我将把更多的精力放在关爱退役军人和军烈属上,动员和组织更多的社会力量为他们提供支持和帮助。"邝远平说。

《解放军报》2021 年 6 月 26 日

最美退役军人

李锁

ZUIMEI TUIYI JUNREN

李锁：乡村振兴路上的领跑人

作为退役军人，他是自己富了不忘贫困乡亲的企业家；作为村党支部书记，他谱写了从"光棍村"到"旅游专业村"的神话；作为火炬手，他把奥运精神在大山深处播撒；作为农民，他走进了央视新闻联播，走上了国庆大典观礼台。

他是"感动天津人物"的海河骄子；他是全国优秀复员退伍军人；他是全国劳动模范，成为多家媒体追逐的焦点——

他，就是李锁。用自己的双肩和双腿践行了致富山乡的铮铮誓言，把大山里祖祖辈辈的梦想变成了现实，演绎了新时期"愚公精神"的鲜活范本。

于忠诚中见坚韧

军队这个大熔炉锻造了李锁忠诚的品性，对党的绝对忠诚和"特别能吃苦、特别能忍耐、特别能战斗、特别能奉献"的精神成就了他军人特有的大爱。30多年前他将青春奉献给了国防事业；如今，他以军人特有的顽强与韧性，把满腔热情融入乡村振兴战略。

李　　锁

毛家峪原本是个偏僻落后的小山沟，全村几十户人家穷得就像荒山里的石头，光秃秃的。李锁就出生在这个穷村子里，他家有兄弟姐妹5个，是村里最穷的人家。在他的记忆中衣服是大人穿破了补补给孩子穿，大孩子穿完了给小孩子穿，冬天穿完了，把棉花扒出来夏天再穿……

穷，就像一根刺，扎得他坐卧不安。高中毕业后，他走出了大山，穿上军装。三年服役期满，怀着一腔豪情的李锁回到了毛家峪。经历了外面的世界之后，家乡依然如故的穷困面貌，使他第一次如此深刻地感到了城乡之间、贫富之间、文明与落后之间的巨大落差，这样的日子他一天也不想再过了！

没有什么比贫穷更能激发一个人的斗志了。为了多赚点钱，尽快摆脱家庭的困境，李锁放弃了端"铁饭碗"的机会，毅然选择了自主就业。1989年，李锁东凑西借1万元钱，建了一家瓶盖厂。

一路摸爬滚打走过来，企业规模不断壮大。到1996年年底，李锁组建了跃华瓶盖集团，拥有下属企业20多个、员工500多人、固定资产300多万元，年净收入在20万元以上。产品销往全国10多个省市，他成了一名颇具实力小有名气的农民企业家。

"李锁能干，心肠又好，让他带着大伙儿一块儿干，说不定能为我们村闯出一条路。"毛家峪所有具有劳动能力的乡亲差不多都在瓶盖厂打工，大多数乡亲都从他那里借过钱，李锁怎样从一个穷小子变成一个有良心的大老板，他们看得最清楚。2000年11月，村里"两委"班子换届选举，李锁当选为村党支部书记、村委会主任。

当李锁满怀豪情走马上任之时，第一道难关竟然是来自家庭的阻拦。父母妻子都极力反对，老母亲说："咱毛家峪穷了又不是一年两年了，谁干谁发愁！你做你的生意，一年挣好几十万，蹚这浑水干啥？"

亲属们也苦苦地劝阻，他们认为放着自家省心的买卖不干，吃错了药了才会揽这费力不讨好的差事。群众也不屑地议论："咱们这个穷山村，谁当书记都一样，还能折腾出啥名堂来？"

面对亲人的阻拦和群众的议论，李锁没有丝毫动摇，内心深处的激情反而更加澎湃。在第一次村民大会上，李锁郑重承诺："3年，给我3年时间，如果3年我不让能大伙儿都富起来，我主动辞职！"

俗话说，万事开头难，穷村创业更难。在部队开阔了眼界的李锁想到，毛家峪自然风光秀美，森林覆盖率高，是天然的氧吧，村里人大都长寿。于是，李锁请来了有关方面的专家进行论证，决定在"长寿"二字上做文章，把村子命名为"毛家峪长寿旅游度假村"。

"光棍村"开展乡村旅游谈何容易，从此，李锁用他的满怀赤诚开始了艰难的脱贫攻坚之旅。

于责任中见担当

只要脊梁不弯，就没有扛不动的山。李锁说到做到，为了毛家峪的发展他搭上了全部身家，存款贡献出来了，私家房产抵押了，乡亲们需要贷款，他们夫妻双双做担保。

其实，如果不是面对今天已经取得的成绩，谁也无法相信当初的毛家峪能靠旅游致富。可是，李锁偏偏认准了这条道，并且说干就干，甚至不惜关闭了自己苦心经营多年的瓶盖厂和投资50万元建起的波尔山羊繁殖场,把全部精力和资金都投入村子的旅游建设。

搞旅游,当务之急当然是修路了。群众听说要修路,情绪很高涨。可是,一听说修路需要资金10多万元时,大家全都呆住了。10多万元,对这个只有46户、168口人的穷山村来说,无疑是个天文数字。李锁二话没说,他带头捐款5万元,凑够了修路的资金。妻子一听说捐那么多钱,哭着说:"这都是咱们的血汗钱啊,为了挣钱,你和妈的手都残了,一下子捐出这么多,咱家是又舍财又搭人,你这都是图的啥呀!"

修路的日日夜夜,李锁昼夜盯在工地上,既当指挥员,又当战斗员,李锁的这一番行动,深深地打动了村民的心,全村干部群众修路热情空前高涨,男女老幼齐上阵,仅用40多天时间,一条光滑平整的柏油路就从每户人家的门口修到了山外,与山外的公路相连,与外面的世界也相连了。

◆ 2020年7月20日,李锁到帮扶困难村复员退役军人户指导工作

路通的那天，老人们笑得合不拢嘴，全村群众敲起锣鼓，扭起秧歌，欢庆这一激动人心的时刻。

与转变人的观念相比，修条公路的难度实在不算什么。要想让祖祖辈辈靠山里刨食的庄稼人办旅店、干旅游，那才叫难呢！说一千道一万，不如做出个样子看。冻土刚刚融化，李锁就带头推倒老房，投资50多万元，盖起了二层别墅，并且进行高级装修，在全村建起了第一家标准较高的农家旅店。同时，动员党员、干部和积极群众，利用自家庭院，开办家庭旅店。大部分农户没有资金，李锁就为他们担保贷款。李锁深知，发展旅游必须依托优美的景区才能实现可持续发展，否则只能是一哄而起，一哄而散。然而，景区开发需要大量资金，他把自己的房产、有价证券全部拿来担保，家底被李锁掏空了，妻子私房钱也被他偷偷地翻走了，并且贷款200多万元，投入景区建设，全村乡亲无不为他捏了一把汗。李锁郑重向全村保证，如果失败不用集体背一分钱的债务。

路通了，农家院建起来了，游客真的能来吗？为了把毛家峪推出去，李锁自己驾车马不停蹄地奔波，北京、天津大大小小的旅行社他都跑遍了。常常是困了就停下来在车上睡一觉，醒了开车就走。由于过度疲劳，他曾经连人带车一头扎进沟里。从那时起，家里给他下了条死命令，无论到哪儿，都要给家里报个平安。

经过19年的鏖战，从无人问津的小山村到游人如织的旅游专业村，毛家峪村经历了从贫穷落后到文明富裕的变迁。当年的"光棍村"，已经成为全国文明村、全国创先争优先进基层党组织、全国民主法治建设示范村、全国休闲农业示范点、全国农业旅游示范点、天津市旅游特色村和天津最美丽乡村。

风雨兼程一路走过来，李锁用不褪色的国防绿，书写了更为多彩的人生。

于使命中见奉献

以无私奉献为使命，是李锁的座右铭。

人们常把一个村的好带头人称为"领头雁"，李锁就是这样一个尽心为村民服务的好支书。他退役不褪色，时刻用军人的标准要求自己，19年来，他带领乡亲们把一个名不见经传的落后村，建成了远近闻名的全国农业旅游示范村，全村百姓家家搞旅游，实现了农村城市化、农民市民化的新农村格局。确保了村民老有所养、病有所医、弱有所助，建设成了一个富裕、文明、和谐的新家园。

"村官"很小，无级无品；毛家峪很小，仅仅200多口人。然而，李锁情牵乡亲、心系发展，把"村官"这个小岗位看作乡村振兴的大舞台，十几年如一日，用心血和汗水实现了全村共同富裕的目标，全村人均年纯收入达9万元，集体积累超过3亿元。

2020年春节，一场突如其来的疫情，彻底打乱了人们原本平静的工作和生活节奏。作为天津蓟州区穿芳峪镇主管卫健工作的副镇长，李锁面对来势汹汹的新冠肺炎疫情，没有丝毫犹豫退缩，不顾个人的生命安危，毅然决然地冲上了抗疫最前线。大事难事看担当，危难时刻显本色，这句话在李锁的战"疫"路上体现得淋漓尽致。

"其身正，不令而行；其身不正，虽令不从。"李锁充分发挥基层战斗堡垒和党员先锋模范作用，不惧疫情，不分昼夜，带头值班值守，统筹调度全镇防疫工作，深入全镇26个村子，带头下村入户开展摸查工作，落实防范措施，在疫情防控非常时期，他一天也没有休息，白天到各监控点调研督查，返回镇里已是深夜，他在办公室吃包方便面，打个盹，又开始了各个点位的奔波。他冲在第一线，干在第一线，为全镇全面打赢疫情防控攻坚战筑起了一道坚实的屏障。

现今，已经成为穿芳峪镇人民政府副镇长的李锁，用他那永不停歇的脚步，在乡村振兴战略中，延伸着一名军人的责任义务，拓展着一名共产党人的人生境界，印证着一名优秀退役军人的本色情怀。

退役军人事务部思想政治和权益维护司供稿

大山里的"兵支书"

张 清

李锁身上有一股劲儿,是军人的韧劲儿、犟劲儿和拼劲儿……

四面环山的毛家峪,注定"锁"不住李锁这只山鹰。20多年来,这位大山里的"兵支书",靠着骨子里的这股劲儿,不仅带领毛家峪的乡亲们奔上小康路,还帮远在1600千米之外的甘肃省石门村的村民脱了贫。

2020年年底,现任蓟州区穿芳峪镇副镇长兼毛家峪村党支部书记、村主任的李锁当选2020年度全国"最美退役军人"。他说,让大伙儿都能富起来是他最大的心愿。

修出致富路 这股劲儿是军人的韧劲儿

从马平路进入毛家峪村有一段1.62千米的柏油路,是毛家峪村的致富路,也是乡亲们的幸福路。

夕阳西下,沿着小路散散步,这是70岁的"老支书"王守余一天中最惬意的时光。"路，是 20 年前李锁带着大家修的。没有这条路时，毛家峪穷得叮当响，村民进城卖鸡蛋换钱，没出山，鸡蛋就碎了一半。"

要想富，先修路。2000 年 11 月，先富起来的李锁被推选为村党支部书记。修路，是他要干的第一件大事。

可凡事说起来容易，做起来难。"听说要修路，村民们都拍着巴掌欢迎，但一听要拿钱，还要占用土地，有的人就不乐意了。""当家人"不好做，李锁带头先捐了 5 万元，又挨家挨户去村民家中协调土地问题，本村加邻村 50 户，他跑了个遍。

最终，李锁的真诚打动了村民，大家有钱的出钱，有力的出力，全村男女齐上阵，仅用 40 多天，一条光滑平整的柏油路就修到了山外。路通的那天，全村人敲起锣鼓，扭起秧歌。

有路了，乡亲们受益。每逢节假日，这条路都会为毛家峪村带来源源不断的客流，年收入达上亿元。

规范农家院　这股劲儿是军人的犟劲儿

李锁干的第二件大事是建农家院，搞活乡村旅游。2002 年，他带头推倒自家老房，投资 50 多万元，建起全村第一家高标准农家院。紧接着又以个人资产做担保，贷款 200 多万元开发景区。到 2004 年，毛家峪村 46 户村民全部建起了农家院，一户也没落下。

没有规矩不成方圆。"农家院发展得好，必须有一套规范化的管理模式——统一规划、统一管理、统一营销，达标的开业，不达标的整改。"不仅如此，从业人员还要定期参加培训，一切严格按照标准来。

村民老王，就曾因未能及时参加培训，违反了规定受到处罚。当时，他多次找到李锁请求"从宽处理"，"但这个平时看上去很随和的'当家人'，犯了犟劲儿，说啥也没用。"老王说。

老王的农家院整改后又开了张，如今生意红红火火，好得很。"节假日，客流多，每天营业额4000多元，亏了李书记当初没给留情面。"老王嘿嘿地笑了。

2006年，富村带穷村，抱水峪村并入毛家峪村。村子变大了，人口变多了，人均年收入已达9万多元。如今，李锁要带领着大家将毛家峪村打造成集康养产业、会议培训、休闲旅游度假于一体的综合性长寿特色旅游乡村。

帮扶支援村　这股劲儿是军人的拼劲儿

乡亲们富了，李锁还是闲不住。他得将毛家峪村的成功经验传播出去，让更多的贫困村甩掉贫困"帽子"。

距天津1600多千米的甘肃省武威市天祝藏族自治县石门镇石门村是毛家峪村的对口支援村。"这个以往依靠畜牧业的西部

◆ 李锁向对口帮扶的甘肃省天祝县党政干部考察团介绍毛家峪长寿村旅游脱贫发展工作

小村庄，人均年收入很低，是地道的贫困村。"2017 年，石门村借鉴毛家峪的发展模式，搞起了农家乐。

回想起这些年李锁给予石门村的帮助，原石门镇镇长张文辉感动不已："石门村平均海拔 2600 米，高的地方 2800 米，他每次来都要往农户家中跑，实地查看、系统培训、悉心指导，不顾旅途劳顿，不顾高原反应……久而久之，农户们都和他成了朋友。"

如今，石门村的乡村旅游发展起来了，全村 40 多户村民脱了贫，人均年收入达 2 万多元。"在奔小康的路上，他们永远记住了天津的朋友。"张文辉说。

《天津日报》2021 年 5 月 17 日

最美退役军人

孙 超

ZUIMEI TUIYI JUNREN

孙超：边关一抹绿 守"家"为大家

少年守关壮志起 誓将"天门"绿衣披

缺氧不缺斗志、缺氧不缺干劲、缺氧不缺精神。就是在这个被生物学家称为"生命禁区"、被地质学家称为"永冻层"的帕米尔高原上，民警孙超24年不改初心，创造出了"万仞冰峰，十亩江南"的绿色奇迹。

苦，是很多人对红其拉甫最直接的印象。但是到底有多苦，只有红其拉甫人，或者到过这里的人，才能真正懂得那是什么样的一种滋味。

1996年，孙超从河北高碑店入伍来到红其拉甫边检站，对农村孩子孙超来说，他并不怕吃苦，但是红其拉甫的苦还是刷新了他对苦的认知。他只有一遍遍地告诫自己、鼓励自己，不能后退、不能畏惧。在孙超日记本的扉页上写着这么一段话，是他的座右铭，也是他内心最真实的写照——"好高好高的达坂，好冷好冷的冰山，好远好远的边关,当兵当到了天边边。爱哭的算什么男子汉,腿软的别来这高原,最冷的地方站站岗,最高的地方摸摸天。"

过去,对于高原官兵来说,在皑皑白雪中能看见一抹绿色,哪怕是已经略显枯黄的绿,都算是最奢侈的精神享受了,更别说是能吃上新鲜的绿色蔬菜了。孙超初到红其拉甫时,边检站还没有菜地,吃的菜全是从 300 千米以外的喀什市拉运过来的,一路颠簸好坏参半,绿色的蔬菜吃不了多久就断供了。断菜的时候,许多战友因为吃不上新鲜蔬菜而头发脱落、口腔溃烂、指甲凹陷、手脚脱皮,有的战友甚至患上了严重的败血症。

能够吃上新鲜蔬菜,是所有官兵在帕米尔高原上最大的梦想。从那时起,孙超决心在高原"干出点事",他的心里萌生了一个伟大的念头:我一定要让战友在这里见到绿色、吃上绿色。

披绿路犹登天堑　百折不挠变通途

1998 年 8 月,为了解决吃菜难的问题,单位建起了第一座简易大棚。可是由谁来管理?谁来种植?怎么种植?这是摆在大家面前的一道现实难题。"我家来自农村,我会种菜,我也一定能种好菜!"孙超干劲十足地受领了任务。但一年下来,种下的白菜只开花不长叶子,胡萝卜硬得像木头,信心满满、势在必得的他失败了。有老兵劝孙超:"人在高原活下来都不容易,更何况是植物,不行就别种了。"

"梦想的力量,支撑着我们在路上,流在血液里那固执的渴望,眼泪无声无息却又滚烫。"艰难困苦百般阻挠,而孙超,是属于那种绝不投降、立志绝地反击的人。

2000年,孙超和战友们从改良土壤开始,用铁锹、十字镐、小推车等简易工具,挖走3万多方砂石,从30多千米外拉回1.9万多方土,从80多千米外拉回9500余方羊粪,对大棚用地进行了平整和改良。高原戈壁上,他们挖石填土,几个月下来,大家手掌上都磨出了厚厚的老茧,脸上的新皮还没有长出来,又被太阳炙烤成了赤褐色,全是不均匀的斑块。有的战友,搬石头时指甲缝里被挤出了血;有的战友,扛土袋时肩膀被磨掉了皮;有的战友,握镐头时间久了,十个指头无法伸直……但谁也不喊一声苦、叫一声累。孙超满怀希望地试种新蔬菜品种,可是希望越大、失望就越大。一年下来,所有的努力与尝试均以失败告终。第一次种植的西红柿、辣椒,只会开花不会结果,这个原以为"种瓜得瓜、种豆得豆"的农村少年,第一次对这句亘古流传的话产生了怀疑。针对高原高寒和水分蒸发快的特点,他又采用了地膜覆盖等新技术,绿油油的菜苗终于长出来了,但是一场突如其来的大风将大棚刮得所剩无几,种植的秧苗在短短两个小时内全部被冻死。那一天,孙超蹲在乌黑的土地上,面对一棵棵枯萎的菜苗,想起战友们一起吃的苦、受的累,哭了整整一个下午。

"一个连草都不长的地方,真的能种出菜吗?"这个20岁出头的年轻人,内心也曾一度动摇,孙超开始没日没夜地苦苦找寻着答案。一年来,种菜没有大的收获,不少老兵却要退伍了。临别时,他们流着泪水对孙超说:"兄弟,等红其拉甫种出菜了,一定要寄张菜地的照片给我们,我们在遥远的家乡祝你早日成功!"

"从来没有哪种坚持会被辜负,如果有,那一定是坚持得还不够、努力得还不够!"孙超不信自己做不到。面对战友的期盼,他不服输的劲头愈加坚定。

一次不行就十次,十次不行就一百次,一百次不行就上千次。经过反复摸索研究,终于,孙超找出了在高原种不好菜的原因,总结出了经验教训。

2001年,为了攻克幼苗成活率低这个难题,只有初中文化的孙超研读了《反季节蔬菜栽培技术》《无土栽培技术》等书籍,累计学习资料50多册,写下了300余万字的学习体会。

听说喀什农科院有位高寒地区蔬菜种植专家,孙超就一次次写信请教,一番诚意换来了满满收获。从那时起,他就一头扎进温棚里,趴在地上测地温、量酸碱,经过100多次反复摸索、论证、实验,孙超终于总结出了"大棚营养钵育苗移栽法",大大提高了幼苗成活率,成功解决了高寒地区蔬菜种植的关键性技术问题。奇迹

◆ 孙超(右一)在大棚向牧民讲解种植技术

出现了,"高原上种菜只开花不结果"的难题终于攻克了!望着这冰峰戈壁上长出来的一抹绿,孙超像守着自己的孩子一样,兴奋得好几个夜晚没合眼。一茬菜种好了,他也瘦了十几斤。后来,通过利用新技术,孙超又从60余种蔬菜中挑出了30余种适宜高原种植的品种,并开始规模化种植。

时至今日,孙超已在高原成功种植了39种蔬菜,发展了8座大棚。从此,红其拉甫边检站彻底结束了自建站以来官兵吃不上新鲜蔬菜的历史。

2011年11月,孙超又利用供暖循环热水,修建起新式地暖型温室大棚,又打破了高原冬季无法种植蔬菜的历史。

"不光要让战友们有菜吃,还要有肉吃!"孙超给自己定下了新目标。2013年,他和战友们自主设计了高原室内猪舍、鸡舍,解决了高原养猪、养鸡易发病的问题。在所有战友的共同努力下,如今红其拉甫边检站新鲜蔬菜的自给率达到80%以上,每年养鸡、养鸭、养鸽800余只,产蛋5000余公斤,养猪70余头,产肉7000余公斤,鲜蛋、猪肉自给率达90%以上。种养殖基地也形成了规模,现在的红其拉甫边检站,树木成荫、鸟语花香、瓜果累累,"万仞冰峰,十亩江南"成了贫瘠的帕米尔高原上一道亮丽的风景线。孙超和战友们一起给菜园子取了一个好听的名字,叫作"雪域江南苑"。

高原地区种养殖工作是繁重的体力劳动,辛苦、单调、枯燥。他和战友们每天在地里翻土、锄草、间苗、喷药和浇水,在鸡舍里喂食、收鸡蛋、掏鸟粪,在猪舍里清理猪粪;还要经常开关大棚塑料薄膜保证通风,天气变化时,一天要开关三四次。在菜地里一身土,在鸡舍猪舍一身味,在大棚像蒸桑拿一身汗。长期在这种环境下劳作，孙超患上了严重的腰肌劳损，经常全身无力、浑身酸痛，疼痛难忍时就吃几粒止痛片缓解一下。这些年，一茬茬的"边关绿"倾注了他满腔的热血，也见证了当初"让战友在这里见到绿色、吃上绿色"的庄重誓言。

助力脱贫攻坚路　不忘初心传美名

孙超是一个创造奇迹的人，几代红其拉甫人"有绿色看、有绿色吃"的梦想终于化作现实。高原种植成功后，孙超带动少数民族群众转变观念，掀起种植热潮，助推地方经济发展，如今，整个帕米尔高原掀起了种植业的热潮。驻地提孜拉甫乡牧民艾米尔夏因长期在内地打工，收入不高，家里还有两个孩子，生活过得窘迫。孙超听说后，主动找到他，就如何建大棚、如何育苗、如何栽培、如何施肥等，对他进行精心指导。在孙超的带动下，艾米尔夏也种植起了大棚，还经营起了牧家乐，生意红火。现在，艾米尔夏一家每年能创收50余万元，还盖了新房子、买了新车子，日子过得有滋有味。2014年7月，中央电视台《乡村大世界》栏目走进塔什库尔干塔吉克自治县，讲述了艾米尔夏和孙超的故事。

2015年，孙超和战友们争取到《中国梦想秀》栏目帮助，在塔县建立起首个现代化温室大棚。通过示范推动，一座座新型现代化蔬菜大棚在高原拔地而起，为改善高原各族群众的饮食结构建立了"绿色通道"。

2010年，孙超的先进事迹被广泛报道后，孙超河北老家一家生态园提出高薪聘请他，他想都没想就拒绝了；2012年，新疆农科院邀请他到乌鲁木齐工作，同样被他婉拒。2018年，原公安边防部队集体转隶国家移民管理局，孙超作为坚守高原时间最长的老兵，原本可以拿着可观的复员费回河北老家与家人团聚，但他坚持选择留下，选择了他心中的另一个"家"。在他的感召下，更多的战友选择了随队转改，留下来扎根边疆、戍守边疆。

如今，已经40多岁的孙超毅然接受了新的挑战、踏上了新的征程，当被问及今后的打算时，他说，只要组织需要，自己将永远坚守下去。

站在茫茫雪域高原上的国门前，孙超凝望着哨所上正迎风飘扬的五星红旗，默默地行了一个庄重的军礼。

退役军人事务部思想政治和权益维护司供稿

"全国模范退役军人"孙超坚守高原二十四载

潘从武　张　佳　吴晨龙

2020年6月17日,新疆维吾尔自治区党委政法委在乌鲁木齐召开授称表彰大会,授予新疆边检总站红其拉甫边检站民警孙超"戍边卫士"称号。

一名普通民警,24年坚守高原,留下了奉献,带来了殊荣。

"万仞冰峰"辟出"十亩江南"

1996年,17岁的孙超从河北高碑店入伍来到红其拉甫边检站,在"离天最近、离家最远"的帕米尔高原,开始了长达24年的坚守。

帕米尔高原平均海拔4000米,全年无霜期不足60天,空气含氧量不足平原的一半,被称为"生命禁区"。

初到红其拉甫,戍边条件简陋,许多战友因为吃不上新鲜蔬菜,头发脱落、口腔溃烂、指甲凹陷、手脚蜕皮，有的还患上败血症。孙超也曾打过退堂鼓，半夜躲在被窝里偷偷抹眼泪，但军人的使命感让他重新振作了起来。

1998年，红其拉甫边检站建起第一座简易大棚，出身农家的孙超主动请缨，决心要"让高原见到绿色，让战友吃上蔬菜"。但困难超乎想象。在高原极端环境下，野草都难生长，好不容易长出几棵菜苗，一阵大风，全都冻死了。

孙超没有放弃，只有初中文化的他开始自学农业知识，白天趴在地里测地温、量酸碱，晚上阅读农业书籍，经常裹着铺盖睡在大棚里，半夜起来烧桔梗给大棚保温。

经过1000多个日日夜夜反复试验，孙超终于攻克高原蔬菜种植的技术难题，让荒芜的高原有了一丝绿色生机。随后，他又摸索高原特种家禽养殖，不断丰富战友们的餐桌。

时至今日，孙超已在高原成功种植39种蔬菜，养殖11种家禽，修建大棚8座，在"万仞冰峰"上开辟出"十亩江南"。

绿色希望在雪域高原播撒

近年来，在党和政府的帮助下，世代游牧在帕米尔高原的塔吉克族牧民逐渐摆脱贫困，日子过得越来越红火。孙超主动发挥自身所长，向牧民传授种养殖技术，帮助他们早日脱贫。

2003年，时任达布达尔乡干部胡志忠慕名而来，希望孙超帮助乡里建蔬菜大棚，孙超满口答应。经过反复摸索实验，终于在海拔3600米的达布达尔乡建起第一座温室大棚。

孙　超

2004年7月，通往塔什库尔干县的唯一通道314国道被泥石流冲毁，补给中断半个多月，确保蔬菜常态供应和应急保障引起当地党委政府关注，时任塔什库尔干县委书记臧爱武带领四套班子成员到红其拉甫边检站观摩，开始大力推广高原蔬菜种植产业。县电视台邀请孙超讲授种养殖知识、开展农副业培训，他成了远近闻名的"菜博士"，绿色希望也在雪域高原播撒开来。

2015年，孙超还和战友们争取到《中国梦想秀》栏目帮助，在塔县建起首个现代化温室大棚，通过示范带动，50多座温室大棚在高原建立起来。

为让更多的塔吉克族乡亲都能吃上新鲜蔬菜，孙超在当地党委政府为牧民建造的安居房推广庭院拱棚种植，让高原蔬菜种植走进更多家庭，先后帮助建起100多座大棚，在很大程度上改善了高原群众的饮食结构。

◆ 孙超和牧民们在观察作物的长势

此外，孙超还帮助大家发展高原特禽养殖，提孜拉甫乡牧民艾米尔夏在孙超的帮助下，建立起高原牦牛养殖合作社，年收入近20万元，惠及全乡10多户牧民。2016年，红其拉甫边检站对口扶贫塔什库尔干县红其拉甫村，孙超与村里牧民艾力那扎尔结成帮扶对子，向他传授养殖技术，如今，艾力那扎尔家一年收入超过8万元。

在孙超的帮助下，更多的塔吉克族乡亲收入逐年增加，生活水平大幅改善。大家见到他都会竖起大拇指："孙超，恰尔吉（好样的）。"

24年3次"拒绝"下高原

多年来，孙超远离河北老家的父母妻儿，一年只能见上一次面。在这期间，他曾有过3次离开高原与家人团聚的机会，但都被他拒绝了。

2010年，孙超的先进事迹被广泛报道后，河北老家一家生态园提出高薪聘请他，他想都没想就拒绝了；2012年，新疆农科院邀请他到乌鲁木齐工作，同样被他婉拒。

2018年，原公安边防部队集体转隶国家移民管理局，孙超作为坚守高原时间最长的老兵，原本可以拿着高额复员费回老家与家人团聚，可他在征得家人支持后，选择了继续坚守。在他的感召下，更多的人选择随队转改，坚持戍守边疆。

留下意味着奉献，也意味着风险。高原环境对人身体伤害很大，孙超患上了严重的腰肌劳损和风湿病，2019年体检时，他的胸骨已经变形，可他始终不愿离开这片热土。

  孙超的付出得到了回报。24 年来，他先后荣立个人一等功 1 次，二等功 1 次，三等功 9 次，多次获评"优秀士官"，荣获原公安边防部队优秀士官人才一等奖。2019 年，被中组部、人社部、中央军委政治工作部、国家退役军人事务部联合授予"全国模范退役军人"称号。

《法制日报》2020 年 7 月 7 日

最美退役军人

张天水

ZUIMEI TUIYI JUNREN

张天水：国旗下的"火焰蓝"

林鋆杰

他是福州市五一广场国旗护卫队的一员。这支队伍升起的第一面国旗就是从时任福州市委书记习近平同志手中接过的，始终牢记重托，风雨无阻高擎"八闽第一旗"。

他赤胆忠心，3年内升旗"零差错"，只为国旗高高飘扬；他是90后，朝气蓬勃，业务精湛，先后荣立个人二等功、三等功各1次，荣获"福建省优秀共产党员""福建青年五四奖章""三明市五一劳动奖章"等；他是全国消防队员中的佼佼者，代表"火焰蓝"走上国际赛场；他始终坚持用担当诠释初心，用实干践行使命，一点一滴地付出勾勒出平凡岗位上不平凡的精彩。

他叫张天水，现任福建省福州市鼓楼区三坊七巷消防救援站副站长。

张 天 水

国旗班的"零失误"

"始终对党忠诚。"

"做到纪律严明。"

"敢于赴汤蹈火。"

"永远竭诚为民。"

2018年11月9日,习近平总书记向国家综合性消防救援队伍授旗并致训词。总书记掷地有声的训词,深深地刻入张天水的脑海中。

张天水是标准的90后,1993年7月出生,福建将乐人。2012年,福建省消防总队招录消防兵,正在上大二的张天水毅然报名,圆了从小就印在心底的"军人梦"。

随着消防队伍改革转制,张天水从"橄榄绿"变成"火焰蓝",成为光荣的退役军人群体中的一员;改变的是制服颜色,不变的是为人民服务的初心,不改的是冲锋在前的勇气,坚守的是"护卫国旗重于生命"的责任和使命。

"我志愿加入国家消防救援队伍,对党忠诚,纪律严明,赴汤蹈火,竭诚为民,坚决做到服从命令、听从指挥,恪尽职守、苦练本领,不畏艰险、不怕牺牲,为维护人民生命财产安全、维护社会稳定贡献自己的一切。"

这是张天水选择留在"火焰蓝"的誓词,也是他无数次带领新消防队员,一遍又一遍从心里念出的声音。

时光回望30年前。1991年1月1日,福州五一广场举行升挂国旗仪式。

至此,福建省福州市鼓楼区三坊七巷消防救援站,一手握水枪、一手握钢枪,成为全国唯一一支承担省会城市中心广场国旗升降任务的消防救援队伍。

2020年10月1日4时30分,福州的清晨静谧祥和。张天水和队友们早早起床,换礼服、套军靴,列队登上国旗台,手中的国旗与太阳一同高高升起。

"今天是国庆节,观看升旗的群众比平时要多很多。我必须带领全体队友拿出最好的状态、展示最标准的动作。"张天水说。

"参加这支队伍,不怕流汗、不怕吃苦,只怕标准不够高,愧对五星红旗。"为了成为一名称职的护旗手,张天水平均每天训练时间8小时以上。练"持枪功",一个动作重复上千次;练"走功",用

◆ 张天水参加国旗护卫队以来,和队友成功实现"零失误"的目标

尺子量步幅、用秒表卡步速；练"站功"，迎着太阳贴墙站立，一站就是三四个小时……

加入国旗护卫队3年来，不论刮风下雨、严寒酷暑，张天水和他的队友们每天日出升旗、日落降旗。他成功实现了1100余次升降国旗"零失误"，承担了300多次重大礼仪保卫和5000多次党和国家领导人接待任务"零差错"。

30年来，这个光荣集体始终牢记习近平总书记嘱托，风雨无阻，忠诚护卫"八闽第一旗"。三十年风雨春秋，2.1万余次升降旗"零失误"，他们被福州市民亲切地称为"国旗下的消防卫士"。

古厝旁的张"铁水"

"一片福州三坊七巷，半部中国近现代史。"中国十大历史文化名街"三坊七巷"始建于晋、成于唐宋、兴于明清，是福州的历史之源、文化之根。这里曾走出了林则徐、沈葆桢、严复、林觉民、冰心等名人，现存古建筑200多座。

2002年4月，时任福建省省长习近平同志为《福州古厝》一书作序。他在序中写道："保护好古建筑、保护好文物就是保存历史，保存城市的文脉，保存历史文化名城无形的优良传统。"

张天水所在的消防救援站就紧邻三坊七巷，成为这片福州历史文脉的消防卫士。

三坊七巷历史文化街区建筑密度大，多采用木结构建造，曾一度面临缺乏消防水源、供水管网不足，消防基础设施配置达不到现行规范要求等火灾隐患。

为保护好三坊七巷，张天水和队友们每周都反复熟悉辖区重点单位，巡查古厝坊巷间是否存在消防安全隐患，检查辖区里消火栓水压是否正常，定时给游客宣讲防火知识，并研讨明确了"快攻、速战，打早、灭小"的战术理念，全力守护着城市文脉的消防安全。

在全队的共同努力下，张天水和他的战友们实现了辖区内8年"零火灾"、30年无重大火情的消防战绩。

每一次红门开启，每一次警灯闪烁，都是生与死的考验、血与火的较量、苦与累的磨炼。在扑救火灾和抢险救援战斗中，张天水永远牢记使命、不改军人本色，为了党和人民的利益赴汤蹈火。

2014年春季的一天，天干物燥，辖区一家高层酒店着火，起火点在27楼，电梯全面停运。张天水跟着队友徒步爬上27楼，滚滚浓烟中四周漆黑一片，封闭的狭窄空间，前进路上没有光线，张天水和队友克服黑暗笼罩的恐惧和无助，依然一往无前。"真正到了火场，根本来不及害怕，一心就想着能否解决险情。"张天水说。

为了不辱使命，张天水苦练业务本领，体能素质、业务技能在全队出类拔萃，被队友亲切地叫作张"铁水"。入队以来，张"铁水"先后参加灭火救援行动1000余次，营救及疏散遇难遇险群众130余人；参与2017年"'一带一路'国际峰会"等重大消防执勤安保，总队"闽动—2020"跨区域拉动演练、2020年7月跨区域增援江西抗洪抢险等任务。

生死考验面前，他一次次向党和人民交上了满意的答卷。"2020年是三坊七巷消防救援站建队30周年，作为一名消防队员，我要坚守退役军人优良传统，传承前辈们的意志，接过他们手中的火炬——坚决守护好福州的历史文脉。"张天水说。

张天水

世锦赛上的中国身影

2019年4月,国家应急管理部消防救援局开始自上而下选拔第十五届俄罗斯世界消防锦标赛参赛队员。世界消防锦标赛素有"消防员奥运会"之称,代表了全世界消防技能的最高水平。这也是我国消防救援队伍首次跨国参加国际性消防救援竞技活动。

"这样硬碰硬的比武机会,怎能放过?!"张天水毫不犹豫地报了名,并且挑战世锦赛最难项目——攀登挂钩梯,由此开启了艰苦卓绝的征战过程。

攀登挂钩梯,是指参赛选手借助挂钩梯挂扣窗台,以最短的时间从1楼攀爬到4楼,胜负在十几秒之间。这个项目难度系数和危险指数较高,极其考验参赛人员的体能素质。

每天4点多起床操练,挂梯、抛梯、跃梯、爬梯。日复一日的高强度选拔集训下,张天水后背被挂钩梯磨破了皮,脚底下的血疱消了又长,手腕、腰部、腿部等多处旧疾复发。

"弱鸟先飞,滴水穿石。""铁水"以惊人的毅力坚持下来。几个月集训之后,张天水的塔基"攀登挂钩梯"成绩达到了惊人的9秒多,比消防队员达标的时间要求几乎缩短了一半!

最终,张天水以攀登挂钩梯第一名的优异成绩,从全省4923名消防指战员中脱颖而出,又从全国17万人的消防救援队伍中崭露头角,入选第十五届世界消防救援锦标赛国家集训队。

2019年8月,包括张天水在内的12名指战员组成"国家队"共赴俄罗斯,与20多个国家的消防精英同场角逐,展示了中国消防救援力量的风采。

入队 8 年来，张天水在一次次生与死、血与火的考验中，生动诠释了"消防卫士为人民"的铮铮誓言。而国际比赛好似一次洗礼，征程里裹挟着青春的能量，成为张天水最难忘也最骄傲的一页。

"这是中国消防队员第一次站上世锦赛的舞台，站在我背后的是千千万万个'火焰蓝'！"张天水说。

退役军人事务部思想政治和权益维护司供稿

坊巷平安是我最大的心愿

曾建兵　徐春雷　应敏丰

五一假期对于很多人来说是休闲度假、全家团聚的时光，然而越是放假，对于守护榕城万家灯火的消防员来说却意味着任务越重。5月1日，记者走进三坊七巷消防救援站（福州市五一广场国旗护卫队），采访坚守岗位的消防员张天水。

第十七届"福建青年五四奖章"获得者、三坊七巷消防救援站四级指挥员张天水，曾于2019年9月作为福建唯一代表参加了素有"消防员奥运会"之称的第十五届世界消防救援锦标赛并顺利完赛。过硬的体能素质、拔尖的业务技能，张天水的"铁水"称号不胫而走。

5月1日凌晨4时30分，张天水早早起床，为新一天的工作精心准备。"因为是五一，观看升旗的群众比平时要多很多，作为一名带队干部，更要带领全队拿出最好的状态、最标准的动作。"

晨曦微露，张天水带领着队伍到达五一广场。伴随着雄壮的国歌声，护旗手将国旗准确无误地升起。

◆ 张天水在第十五届俄罗斯世界消防锦标赛现场挑战攀登挂钩梯

刚回到三坊七巷消防救援站,张天水顾不得歇息,又开始忙着防火巡查准备。"今天是五一,人流量比平时要大,更需要我们开展细致的防火巡查和消防宣传工作。坊巷平安是我最大的心愿。"张天水换好服装,整理好宣传资料,带领防火宣传队队员,登上消防巡逻电瓶车向三坊七巷街区出发。

"消火栓前不能堆放杂物,请立即清理。""五一期间,人流量大,诱发火灾的因素也更加复杂,你们要做好隐患自查自改,提升消防安全管理的水平和层次。"张天水对店主叮嘱道。

随后,张天水还带领队员对坊巷街区周边及内部的水源、道路情况进行走访,挨家挨户检查各商户应急预案制定情况、工作人员消防安全应知应会掌握情况等,并发放宣传单,讲解火灾防范和火灾初期扑救、火场自救互救等消防知识。

张天水告诉记者，作为一支一手握水枪、一手握钢枪的特殊消防队伍，长期以来，三坊七巷消防救援站始终把保护三坊七巷文化遗产作为核心要务，针对砖木结构建筑耐火等级低、消防通道窄的救援难点，组织专题研讨明确了"快攻、速战，打早、灭小"的战术理念，确保第一时间把火灾控制在初期；同时主动融入本土文化，组织成立消防宣传巡查队，普及消防知识，排查火灾隐患。

《福州日报》2020 年 5 月 2 日

最美退役军人 何健忠

ZUIMEI TUIYI JUNREN

何健忠：砥砺躬耕不辍步 老兵余晖照征途

陆 刊

"何健忠代表令人尊敬，他做的工作令人赞扬！"2020年9月11日，全国人大常委会副委员长吉炳轩在一份关于帮扶下岗失业转业志愿兵（士官）再就业的情况报告上作出了重要批示。

批示中提到的何健忠，是中国邮政集团有限公司江苏省泰兴市分公司江平路支局局长。他既是全国优秀共产党员、全国劳动模范、全国优秀志愿者、全国道德模范提名奖获得者，更是第十一届、第十二届、第十三届全国人大代表，自第十二届全国人大以来连续9次当选主席团成员。

作为特级英雄杨根思的家乡人，无论是身在军营还是回乡工作，无论是作为一名普通邮递员还是全国人大代表，何健忠始终用实际行动践行着"三个不相信"的誓词，多年来砥砺躬耕，从不辍步，尽情挥洒着老兵余晖，照亮漫漫征途，在平凡的岗位上，他干出了卓越的成绩，也收获了不凡的荣誉。

何健忠

履职尽责　事必躬亲　无处不闻"足音"

"我来自杨根思的家乡，听着英雄的故事长大，我的理想是做一名雷锋式的好战士。"这是1978年12月，何健忠第一天穿上军装时许下的承诺。当兵4年，他年年被评为"学雷锋积极分子"，所维护的无线电设备未出任何故障，所维护的飞机在机务大队被评为样板战机。

1982年，何健忠复员回乡，成为一名邮递员。每天拂晓前他就要到单位分拣信函报刊，天亮后骑着载重自行车穿行于大街小巷，把封封信函、份份报刊送到人们手中。日复一日年复一年，工作虽枯燥，意义却不小，何健忠给自己定下目标，确保"三无"：无差错，无遗漏，无投诉。他真的做到了。他的尽责尽职，百姓看在眼里，领导也看在眼里。终于，兢兢业业工作15年的他被委以重任，担任市邮局江平路支局局长。

上任伊始他面临的现实问题是：支局邮政业务、储蓄业绩均处于全市倒数。困难再大，绝无退路，何健忠给自己和职工立下规矩，做到"三不"：不抱怨，不退缩，不服输。从哪里入手？从学雷锋、贴心服务开始。他的"6838"寻呼机成了"邮政110"："只要您呼6838，剩下的事我来办。"一旦呼叫，有求必应：帮老人跑腿、交各种费用、充煤气、送病人孕妇入院、帮亲人在外的老人办丧事……此外，不等呼叫他也会主动登门，上任3个月跑遍全市机关、学校、企事业单位，推广邮政业务，推销服务模式。苦心人，天不负，何健忠的贴心服务，助推本单位业务进入全盛期：连续12年蝉联全市邮政支局第一,2008年邮储余额跃居全省支局前列。这一年,他当选为全国人大代表。

主动作为　挺身担责　凡事必有"回音"

成了全国人大代表的何健忠更忙了。

在干好本职工作、业绩突出的前提下,作为全国人大代表,他尽心履职,每天至少用两小时接待群众来访,处理群众来信,确保事事有回音。2019年他提交建议12件,其中《关于建立健全养老机构监管体系的建议》被全国人大常委会列为年度重点督办建议。两会结束后,他在全国各地作两会精神传达报告70多场。

担任支局局长25年来,他没有休息过一天。每天14个小时,工作与帮扶统筹穿插、随机进行。他管"闲事"之广、之多、之杂,让人叹为观止。据统计,工作至今,他义务帮扶已达6万件以上。每天处理各种疑难纠纷、民事上访2—3件。值得一提的是,他还帮助退役军人及家属解决了生活困难2400余件,化解涉军矛盾200余起。

"我们泰兴市现有的下岗、失业转业志愿兵(士官)382人,其中就业意愿强烈的有142人。他们大部分生活困顿,有的夫妻双双下岗,靠在夜市卖袜子等小商品维生;有的没有住房,蜗居在集装箱里;有人罹患肝癌,却极少向组织提要求……"谈起这一特殊群体,作为一名老兵的何健忠满怀深情,倍感揪心,作为一名全国人大代表,他更是挺身而出,主动作为。

何健忠发现,绝大多数的下岗、失业转业志愿兵(士官)即使境况艰难,生活窘迫,却还能做到积极向上,相信政府,服从安排,

◆ 何健忠（右二）资助退役军人养兔脱贫

这愈加坚定了他为战友们寻出路的信心和决心。他主动联络市退役军人事务局进行走访调研，依托各乡镇（街道），各村（社区）的退役军人志愿服务点，全面了解实际情况，并大力推介。经多次协商，多方协调，各乡镇（街道）均表示愿意为下岗、失业转业志愿兵（士官）提供一批性质为长期合同工的工作岗位，工资收入不低于本市上年度城镇居民可支配收入。截至目前，已有119人解决了再就业问题，占有就业意愿下岗失业志愿兵总数的82%，其余人员再就业问题正在协调之中，年内可全部解决到位。

在此基础上，作为优秀退役军人代表，何健忠2020年又领衔打造"拥军邮路"，利用邮政志愿服务队和遍布城乡的服务网络，为全市6万余名退役军人、军属提供走访慰问、困难帮扶、信息推介、代办代买等服务项目，维护退役军人合法权益，化解退役军人群体矛盾，切实做到了替政府分忧，为百姓解难。自启动以来群众反响热烈，深受退役军人、军属的好评。

扶危济困　民生为先　屡屡送出"福音"

2020年春，新冠肺炎疫情暴发，何健忠带领"江平路支局党员突击队"奋战在防疫情、保生产一线。疫情缓解后，他一边抓邮政生产，一边为复工、复产、复市奔忙。江苏兴隆兴业集团在湖北省南漳县有多个项目，大量物资急需发往工地。何健忠主动上门，介绍疫情期间中国邮政寄递不中断的案例，承诺免费上门打包。3月5日，何健忠一行来到该企业，从下午忙到深夜，为160多箱物资打包，第二天一早安排6辆邮车发货，3天内全部妥投。他还多次到当地工信局、卫健委、企业走访，获悉不少企业对复工要求理解有偏差，根据防疫标准，编印《复工须知》传单免费发放，陪企业负责人四处沟通，协调办理相关手续。在其帮助下，两月之内10余家企业顺利复工。

"网民朋友们，这个叫牛心菜，绝对是绿色食品，可以生吃。我给大家尝试一下。嗯，很甜，好吃！"2020年4月14日，何健忠又当起直播带货的"网红"。泰兴市分界镇腾兴村有200亩牛心甘蓝菜，其中66亩为低收入户所种，受疫情影响，销售不畅。而一旦滞销，已脱贫的低收入户很可能再次返贫。获此消息，何健忠主动入村当起主播，拍摄视频在多家电商平台推广，不久就有上海客商订货80余吨。截至2020年4月底，200多吨牛心甘蓝菜基本售罄。新冠肺炎疫情发生以来，何健忠通过邮政分销平台和社会推介，为当地农民代言萝卜、鸡蛋、苹果、粮油等农副产品。说起邮政扶贫，何健忠功不可没。早在2016年,他所提的《关于利用邮政发展农村电子商务精准扶贫的建议》就获全国人大常委会批转,随后国务院扶贫办将中国邮政纳入国务院精准扶贫15家成员单位之一,要求中国邮政到2020年建成50万个邮乐购站点,实现自有网点对贫困县全覆盖。

此外,他还主动联系省级示范园——泰兴市育红幼儿园,促成其与内蒙古察右前旗幼儿园达成帮扶协议,从师资互派交流到一对一帮扶贫困生,逐一落实;为山西省汾西县特产玉露香梨打开线上线下销路,20天内共售香梨10多万公斤,多次收到当地政府感谢信……如是种种,不一而足。

◆ 何健忠在疫情期间帮助农民解决产品滞销问题

悠悠万事,民生为大。自当选全国人大代表以来,何健忠屡屡在最关键的时刻,竭心尽力为人民群众送上福音,无愧"人民代表"的称号。

任重道远　砥砺向前　频频得传"佳音"

2013年3月8日，何健忠清楚地记得习近平总书记来江苏代表团参加审议，在讲到预防职务犯罪工作时说的一句话："培养一个干部不容易，预防职务犯罪也出生产力。"这句话引发了何健忠的思考：反腐很重要，预防更重要，作为一名人大代表，如何结合自身行业实践，更好地宣传预防职务犯罪呢？

当年年底，在泰兴市检察院召开的代表委员座谈会上，他首次提出了"预防邮路"的构想，并得到了泰兴市检察院的响应。2014年2月，泰州市检察机关与泰州邮政共同组建了5支由600多名"绿衣使者"组成的"预防邮路"志愿服务队。服务队成立以来，不断深入全市的社区乡村、企事业单位，发放"预防邮路"宣传资料，反馈群众咨询或建议，并协助开展预防宣讲、警示教育，得到了最高人民检察院的高度评价，3次写进最高检的年度工作报告。

属于何健忠的高光时刻，远不止这些——

2010年4月，何健忠获授"全国劳动模范"荣誉称号。

2017年12月，"何健忠劳模创新工作室"被命名为"全国示范性劳模和工匠人才创新工作室"。

属于奉献者、奋斗者的荣耀，远不止这一回。

2015年3月7日下午，李克强总理在参加江苏代表团审议政府工作报告前接见代表时，何健忠向总理汇报："邮政在按照您的要求，打造农村电子商务平台，为精准扶贫多做工作。"总理说："好！好！好！"总理接着说："农民是真正的弱势群体，你们要为农民多想、多干、多做。"

2016年3月4日上午，第十二届全国人民代表大会主席团第一次会议前，何健忠向习近平总书记汇报邮政开展"预防邮路"建设和精准扶贫工作的有关情况，习近平总书记肯定道："你们所做的这两项工作与中央是同步的。又做了两件有意义的事情。"

士兵、邮递员、邮政支局局长、全国劳模、人大代表，无论角色怎样转换，何健忠始终铭记习近平总书记"我将无我，不负人民"的教诲。今后，他将继续忘我奋斗，不负重托，永葆初心加油干，永葆军人本色，将奋斗精神传承下去，把正能量弘扬下去，为人民群众做一辈子好事！

退役军人事务部思想政治和权益维护司供稿

何健忠：为人民群众做好事不会退休

柏滨丰　蒋春生

"网民朋友们，这个叫牛心菜，绝对绿色食品，还可以生吃，我试吃一下，嗯，很甜，好吃！"2020年4月14日，全国人大代表、江苏省泰兴市江平路邮政支局局长何健忠来到分界镇腾兴村田间地头，直播推介即将丰收的200余吨牛心菜。

花菜、珍宝豆、甜豌豆、牛心菜……分界镇是远近闻名的蔬菜种植大镇，拥有166个家庭农场、70家合作社。其中，腾兴村种植200亩牛心菜，受疫情影响，原有订购客商被迫取消订单，村民焦急万分。何健忠得知情况后，主动来到腾兴村调研，并免费当起"主播"，为菜农拍摄代言视频并在多家电商平台推广。在何健忠的帮助下，截至2020年4月底，200多吨牛心菜基本售罄。

谈及首场直播秀，何健忠说："2020年是脱贫攻坚的收官之年，我们应充分认识到脱贫攻坚是最大的政治责任、最大的民生工程，坚定态度，坚决打赢脱贫攻坚战！在这关键的一年里，作为人大代表,帮助农民增收,为脱贫攻坚多做一点事儿,应该的!"

疫情防控期间,何健忠先后为当地农民代言萝卜、鸡蛋、苹果、粮油等多种农副产品,为农民挽回经济损失30余万元。

早在2020年伊始,何健忠还曾收到一封来自山西汾西县政府的感谢信,信中盛赞何健忠帮助该县脱贫攻坚是"雪中炭""旱时雨"。

汾西县位于山西省中南部的吕梁山南麓,是革命老区和国家级扶贫开发县。近年来,县里的高寒农牧专业合作社响应调整产业结构的号召,连片流转近3000亩土地,种植特色优良品种玉露香梨。该合作社是汾西县的第一大种植业企业,担负着全县386户、1044人的脱贫拉动重任,但销售问题制约了企业发展。何健忠得知这一信息后,主动替他们联系销路,短短几十天,就为合作社推销香梨10余万公斤,缓解了库存积压。

这些年,何健忠十分关注精准扶贫,利用邮政电商平台全国联网的优势,帮助江西贫困户销售农产品、苏北果农销售苹果……"我是全国人大代表,又是全国劳模、共产党员,参与脱贫攻坚战,义不容辞!"

新冠肺炎疫情突如其来,2020年1月25日大年初一,何健忠所在的支局就已经开门营业,张贴发放《告客户书》,提醒市民做好防护工作。他还带头深入企业、社区开展疫情防控宣传。

疫情最吃紧的时候,口罩脱销,给防控工作带来困难,何健忠看在眼里、急在心里。经多方联系,终于购得第一批2500只口罩,他将其全部送到每天坚守在抗疫一线的民警、投递员、社区百姓手中,用实际行动积极响应习近平总书记"把人民群众生命安全

◆ 新冠肺炎疫情防控期间，何健忠自费购买口罩免费赠送给防控一线及社区

和身体健康放在第一位，坚决遏制疫情蔓延势头"的重要指示。

何健忠还第一时间响应市委号召，组织志愿服务社的党员成立了党员突击队，深入疫情防控第一线：到居民家中宣传，参加布控点值班，对出入小区的人员、车辆逐一认真检查、测量体温，发放防疫宣传单，尽己所能动员群众、组织群众、凝聚群众共同抗击疫情。

2020年2月9日起，江苏进入全面复工复产新阶段。很快，一则"外来务工人员滞留高速公路出口"的新闻引起了何健忠的注意："一方面是企业用工紧缺，另一方面是外来务工人员进不来且滞留，而且滞留人员给当地政府及百姓都带来了巨大的防疫压力。"为此，何健忠专门到泰兴市工业和信息化局、卫健委走访，了解本地企业复工情况和防疫要求。了解到不少企业对复工要求理解有偏差后,他根据防疫标准,和支局员工一起编印了"复工须知"宣传单,走进企业,帮助他们解读复工手续办理中的相关要求和政策,甚至陪同企业负责人到当地工信局、社区沟通情况,协调办理相关手续。

位于长江边的三福造船厂有条外籍多用途船正进入安装施工的关键阶段,合同约定的交船期在2020年6月底。然而,该厂一名技术骨干因疫情滞留在武汉,还有12名外籍员工也无法返厂复工,导致该厂面临延期交船和船东弃单的风险。获悉情况后,何健忠多次帮助该企业向市政府汇报,请求政府在确保防疫安全的基础上开设绿色通道,帮助企业解决生产困难。最终,当地政府采取派专车去高速公路入口和上海虹桥机场接驳的方式,将这名技术骨干和这批外籍员工接送到指定的隔离观察点。14天后,该企业顺利复工。

"在这样一个全球疫情如此严峻的时期,我们能够按期交船,维护的不仅是企业的信誉,也是中国制造的信誉。"三福造船厂总经理杨屹峰说,"感谢何代表帮我们化危为机,为我们企业保驾护航!"

初步统计,2020年2月至5月的3个月来,在何健忠的帮助下顺利实现复工的企业已有10余家。"企业复产后,我还常抽空到这些企业了解疫情防控情况,宣讲防控工作的重要性,让他们始终紧绷疫情防控这根弦,按照习近平总书记的要求,不获全胜决不收兵。"何健忠说。

来支局实习、工作的员工陆续提拔升迁,走了一拨又一拨,何健忠仍坚守在支局一线。他不仅发挥党员先锋模范作用、积极传帮带，还接待来访群众、进行走访调研、义务宣讲、为民建言。"人大代表这个平台很宽很广，可以为政府为百姓做好多事。"虽然已经年逾花甲，但何健忠依然精力充沛。他坦言道："年龄再大，为人民群众做好事不会退休！"

《中国邮政报》2020 年 5 月 13 日

最美退役军人

宋伟

ZUIMEI TUIYI JUNREN

宋伟：初心的力量

中共邹城市钢山街道后八里沟村委员会

一名退役军人，受党培养、心向党生，退役后，响应党的号召，自我创业，实现了个人致富。正当事业蒸蒸日上的时候，家乡的父老希望他改变本村落后的面貌，党组织找到他，希望他担起一名共产党员的责任，带领村民发家致富。他向难而进，勇挑重担，15年来，带领村"两委"一班人团结奋进、勠力同心，将一个穷村、乱村、落后村建设成为富裕文明的社会主义新农村，实现了全面崛起、村民幸福、文明向上，以实际行动践行了一名退役军人、共产党员的初心和使命。

军营磨炼　初心培力

1975年6月，宋伟出生在后八里沟村一户贫困家庭，兄弟六人，他排行老六，父母都是土生土长、老实巴交的庄稼人。小时候家里穷，兄弟多，懂得替父母分忧的宋伟，高中没毕业就主动卖冰棍、收破烂、炸油条，稚嫩的肩膀早早地挑起了家庭的重担。那时候的他，对绿色军营有梦一样的憧憬。1992年冬，家乡开始征兵，宋伟踊跃报名，如愿成为一名光荣的解放军战士。他在部队严守军纪、冲锋在前，先后担任过医院药库保管员、通讯员、勤务员等多种职务，参加过抗洪抢险，获三等功、优秀士兵等多项荣誉，并光荣加入中国共产党。在部队的大熔炉里，宋伟成长为一名甘于奉献、不怕吃苦、善于琢磨、攻坚克难的优秀战士，萌生了知党恩、报家国的赤子情怀。

孟子曰："天将降大任于斯人也，必先苦其心志，劳其筋骨，饿其体肤，空乏其身，行拂乱其所为。"1996年，宋伟复员返回家中，看到家里坍塌的老屋，年近古稀的父母寄住他处，贫困的生活依然没有改变，宋伟的内心陡然升起一股内疚，暗下决心一定要让父母过上好日子。他凭着在部队大熔炉里锻炼出的那股坚强和韧劲，直面逆境，到饭店端盘子洗碗，在建筑工地认老师学木工做泥瓦匠。为了尽快让父母过上好日子，两年后已经技术在身的宋伟，试着自己带队伍干工程，有一次在工地上，坍塌的砖墙砸伤了脚，怕父母看到担心，连续几天吃住在工地。白天干工程，晚上看工地，一天最多睡五六个小时，半月没回家瘦了10多斤。他的妻子到工地看他，竟一时没认出他来，看到他脚部受伤、蓬头垢面、皮肤黝黑，硬把他拉回家中，一进门就抱着他哭个不停，劝他不要再这样拼命。可宋伟为了改变家庭的命运，让父母过上好日子，依然坚持苦干。几年后，善于钻研的他，一步步成长为技术能手、项目经理，先后成立了自己的建筑公司和物业公司。靠着吃苦耐劳、奋发争先的坚强品格，乘着改革开放的东风，他的事业蒸蒸日上，先后在村里为父母盖起了别墅，让他们过上了好日子，在城里也购置了住房，积累了几百万元的发展资金，率先在村里步入小康生活。这时候的他，体验着个人财富快速积累的快乐，父母安康、家庭幸福，但是看到村庄落后、村民生活困难，自己的内心又有许多不甘和惆怅。每次回老家，他心里总是隐隐作痛："我一定要为村里的父老乡亲做点什么！"

向难而进　初心建力

著名诗人艾青说过一句话："为什么我的眼里常含泪水？因为我对这土地爱得深沉。"2004年冬，事业已经发展起来的宋伟，面对着后八里沟村的境况，眉头紧锁，内心升起一股忧思：后八里沟村处于丘陵地带，土地贫瘠，全村1760人，耕地1400余亩，村民除了种点花生和地瓜等农作物外，没有其他收入，居住条件较差，多以低矮瓦房为主，村民文化程度普遍较低，人心涣散。许多村民找到宋伟，诉说着家里的困境，眼里充满了渴望，希望他回村带领大家一起发家致富。上级党组织也发现了他有能力、有韧劲、有爱心，动员他回村担任支部书记。他一夜未眠，眼前反复出现家乡父老期盼的眼神和村庄落后的面貌。这是一个艰难的选择，一面是个人事业全面起势，一面是毫无发展头绪的集体烂摊子，没有一点集体收入。他考虑再三，劝说自己的父母妻子，作为一名共产党员，要听从组织召唤，接受组织考验，牢记自己的初心和使命，决定挑起后八里沟村发家致富的重担。同年12月，宋伟被推选任命为后八里沟村党支部书记、村委会主任。他带着妻子和孩子，从市里又搬回这个生他养他的村子里，从此带领乡亲们走向致富之路。

面对村里支部弱、村子穷、人心散、不团结的现状，宋伟走家串户了解群众诉求,摸清底子、找准症结。正所谓"万事开头难,乱村难当家",他深知治村应先抓支部建设,他把在部队上练就的立说立行、行事果断的工作作风用在支部建设上,上任后的第一件事就是给村干部立规矩、树正气,先拿自己人"开刀",辞退了在村里当会计的大哥。宋伟的母亲看到他这样做着实不理解,"你大哥不贪不沾、老老实实干了十几年的会计,为什么你一上来他就不能干了?"宋伟撂下一句话:"避嫌!"为此,大哥大嫂一年没理他。为了制止群众乱搭乱建索要补偿,他亲自连夜拔了三哥多种的300多棵枣树。两个侄子、一个侄女、两个侄媳因工作失职,他先后开除他们在集体的任职。正是宋伟正人先正己、干部先带头的工作作风,让群众重拾对村"两委"的信任。随后,一条条关于村干部的"禁令"相继出台:他要求村干部带头扫街,改善村庄环境;他拿米尺量地,要求村民把多种的地退还集体,实现公平公正;村干部家里的事情自己做,自家活自家干,不许群众来帮忙;禁止村干部打牌赌博,不允许村干部在村民家里喝酒吃饭……

榜样的力量是无穷的。每一项规定,宋伟总是以身作则。慢慢地,村干部的工作作风有了显著改善,村民对村干部的信任也逐渐建立起来。经过多年扎实有效的党建工作,党支部的战斗堡垒作用发挥出来了,党员干部群众的关系密切了,全村心齐同行的劲头激发起来了,为后八里沟村实现共同富裕奠定了坚实基础。

崛起为民　初心发力

弯道超车,产业先行。心怀梦想的宋伟一班人始终想着为村民谋幸福，赶超先进村："干不到一流就是失职，拿不到第一就是落后"。他们从谋划全村发展的大局出发，乘着社会主义新农村建设的东风，经过艰苦的努力，不够条件创造条件，在全体村民的倾力支持下，积极申请，反复推介自己的梦想蓝图，使上级看到了后八里沟村创业发展、造福于民的坚强决心。2007年，市委市政府批准后八里沟村进行村庄改造。项目批复后，宋伟率先拆除自家别墅，让村民看到他真干事、想干事、为村民谋利益的初心和担当。2008年年底，宋伟召开全体村民大会，将大发展的蓝图详尽地呈现在每位村民面前，赢得了一致拥护，他带头集资、多方筹资近2亿元，历时11个月建成了15万平方米高标准的新村，全村512户村民全部免费入住统一装修的新家，村民的生活从此掀开崭新一页。宏伟蓝图的第一步取得了巨大成功，村"两委"的凝聚力越来越强。自此，宋伟带领全村甩开膀子大干快干，从小酱菜厂、小预制件厂做起，

◆ 在宋伟（左前一）带领下，后八里沟村实行集体产权股份制改革，成立了股份经济合作社

谋划村庄后发优势，先后成立建筑、房地产、商贸等多家公司，全力发展集体产业，打开经济发展新局面。

"路漫漫其修远兮，吾将上下而求索。"时代催人奋进，形势鼓舞人心。责任重大，使命在肩。为实现全面崛起，2012年，宋伟有个大胆的想法，抓住党的十八大全面振兴机遇，利用自身优势成立企业航母，得到了全体村民的大力支持。他自己带头，动员全体村民入股，共注资3亿元，成立鑫琦集团，安排村民就业，既壮大了集体经济，又彻底解决了群众收入低的问题。为了将起步的集体产业做大做强，富民兴村，上级党组织批准后八里沟村成立党委，统筹抓好企业发展与村庄全面工作，宋伟任党委书记，肩上的担子更重了。他既抓经济又抓社会治理，很多基础工作需要亲自部署、亲力亲为，坚守一线，只能舍小家顾大家。2016年夏，母亲病危时，他正随市领导在外洽谈项目，硬是没赶上见母亲最后一面，成为终生遗憾；父亲卧床5年多，也赶上村里项目全面铺开，他很少侍奉床前，父亲去世时他还要利用间隙到工地现场指挥。他在亲孝与大义之间，艰难地选择了后者。妻子、儿女多么渴望能和他一起共进晚餐、周末外出逛逛，可这对他来说实在是太难了。在他的带动下，整个班子自觉加班加点、主动干事创业。

机遇总是垂青于有准备的人。宋伟他们在落实省委省政府新旧动能转换战略中，经过精心谋划，合理布局，主动对接，成功向"互联网+"商业、科技、教育、养老、生态旅游等新产业转型，与无人机行业翘楚科比特合作建立智能无人机研发生产基地，目前年产值2亿元；与北大新世纪教育集团合作，投资10亿元，高起点建成从幼儿园到高中的寄宿制学校，成为全市首屈一指的名校；投资

5亿元建成8万平方米的中医医养康养为老服务中心；建成3万余平方米的新时代文明实践站、3000余平方米图书室，藏书10万余册，能容纳600多人的文明大讲堂、大剧院、村民健身之家等；投资15亿元建成本市最大的商业综合体，已安置300余人就业，全面营业后将安置4000多人；投资12亿元在其他乡镇流转土地3000多亩规划建设文体小镇，发展文化旅游产业。

现在的后八里沟村，拥有了现代化的城市功能体系，村民安居乐业，健康向上，村内处处洋溢着都市的繁华与田园的温馨。一个贫困落后村一跃成为山东省济宁市经济总量第一村，走出了一条可推广、可复制的乡村振兴之路。

奉献无悔　初心聚力

心中有党，初心有根。崛起的后八里沟村，集体资产剧增，面对新的起点，如何让老百姓过上更好的日子，宋伟在思索共产党员的初心是什么。自己和班子成员在后八里沟村的发展中作出了巨大贡献，获得较多的收益亦无可厚非。但宋伟考虑到党的干部要一心为公、没有私心，自己要少得，多为群众谋些利益。2017年，后八里沟村率先在全省开启共享发展的路子，实行集体产权股份制改革。多次召开党组织会议、村民代表会议、企业会议，厘清产权关系，将发展积累的巨额集体财富以股权的方式合理分配到每户村民。在股份制改革中，每位村民按照年龄及为村庄发展作出的贡献，分得成员股、抚幼培养股、养老股、贡献股等，平均每户家庭分得300万至700万元不等的原始股值，每年根据集体收益情况按股领取分红福利，村民人均年收入4万余元。

心中有党，奉献无悔。在宋伟一班人的带领下，集体企业得到迅速发展。在股权改革中，宋伟个人原始股增值达4亿元。他感党恩、报党恩，向家人反复强调，"我是一名共产党员，受党的培养，从一个农村娃成长为全村带头人，虽然自己作了些贡献，但还是要始终想着群众，不要老想着自己的利益。"父母支持他，妻子理解他。宋伟将个人持有的4亿元原始股份分配给村民，自己和其他村民员工一样只按贡献股领取分红。他还将2004年自己创建的物业公司无偿捐献给村集体。宋伟带头弘扬初心、共建共享、共同富裕的举措，得到了群众的热烈拥护。

富裕起来的后八里沟村没有止步，在宋伟一班人的带领下，坚持文化兴村。他深知"有国才有家，国是千万家"，要求村民、企业员工每月参加升国旗仪式，在校生每逢寒暑假必须参加，以此激发村民、员工爱党爱国爱家的情怀。他们先后制定完善了"党建统领、孝德育人、产业惠民"的工作思路，强化党组织功能，弘扬孝善文化，充分发挥文化沁润的作用，持续提升村民素质。2007年起，每年组织18岁以下的少年儿童、青年学生到井冈山、延安等红色教育基地和国内知名高校学习，教育孩子爱党爱国；开办"村民夜校"，18岁以上村民人人上夜校，每年组织党员、村民赴国内外先进地区学习；创办村报《鑫琦之声》，户户安装学习小广播；统一为村民配发书橱、补贴购书款；成立"秧歌、腰鼓、舞龙舞狮、阴阳板"等文艺队伍……全面提升村民文化素养、综合素质。实施网格化管理，大力弘扬"和为贵"文化精髓，原来的村民矛盾化解室已升级成"和为贵"聊天室，以前一些"看不惯""挑刺头"的负能

◆ 宋伟（左二）与村中老人聊聊心里话，倾听他们的心声

量逐渐被"献真言""提良策"的和谐氛围所替代，村庄治理步入良性轨道，连续15年无信访、无刑事案件发生，村民的获得感幸福感安全感全面提升。

百善孝为先，孝为德之本。宋伟最痛恨的就是不孝养父母的人，他多次纠正村中年轻人的不孝行为，并将孝养父母纳入《村规民约》，要求每位村民从孝养父母之身做起，照顾父母吃穿住行，达到孝养父母之心。对于不孝顺的村民，全村通报并扣除全年福利。村集体制作了《孝德歌》让村民传唱，建立孝老爱亲微信群和"孝贤档案"，村民在微信中晒出自己孝老爱亲的影像图片已成为新风尚。村集体带头敬老尊老爱老，保障老人福利，提升老人地位。每逢春节、元宵、中秋、重阳等重要节日，村委会为全村老人发新衣服、唱大戏，每月举办"百寿宴"给老人们过生日，让老人们欢聚一堂，按年龄送上5000元至1万元不等的生日贺礼，每年为60岁以上的老人每人发放 5000 元的保健敬老金，每月 1 日发放 300 元的营养品或生活用品，定期为老人理发、洗澡、修脚、查体，老人生病住院除新农合报销部分外，剩余部分由集体全额承担，真正实现了老有所养、老有所依、老有所乐、老有所安，形成了尊老爱老、家庭和睦的好风气。孝善文化的实施，提升了村内年轻人的素质，作贡献、求上进蔚然成风，为村庄发展打下了坚实基础。

报效家国　初心有力

只要有能力，就要担起报效家国的责任，这是宋伟的初心，更是他永远坚守的信条。出生在贫困家庭的宋伟，始终对困难群体有着不一样的感情。从他回村工作开始，村里就建立了一条不成文的规定：无论村集体多么困难、无论村干部收入多少，只要村民遇到困难，不仅村集体要给予适当救助，村干部也要带头捐款。这不仅是一种"亲情"，更体现了党组织的关心关怀。2005 年一名村民家失火，集体当即救助 1000 元，村干部多则 200 元、少则 50 元给予捐助，帮他重新燃起了生活的希望。从那时起，后八里沟村及后来成立的鑫琦集团奉献的信念越来越执着，从捐款几千元到一次性捐款几百万元、上千万元，奉献的记录长长地写在后八里沟村和鑫琦集团扶弱济困、报效家国的爱心册上。2015 年，出资 1000 万元，设立山东省首家精准扶贫救助基金；2017 年，捐资 60 万元倡导成立并启动邹城市扶贫基金；同年，又为省老龄事业促进基金会捐款 400 万元；每年拿出一定资金，积极开展"的哥（姐）"免费接送高考学子、"同在蓝天下　共筑中国梦"的微心愿圆梦等公益活动；2021 年，联合市残联倡导启动"残疾人关爱行动",每年春节、中秋节为全市残疾人发放慰问品,每年春节、中秋节到偏远乡镇看望孤寡老人、留守儿童,为他们送去慰问金和生活用品,每年为本村考上大学的学子发放8000元至2万元不等的奖学金,为其他乡镇考上大学的贫困学子送去每人5000元至8000元不等的学费;宋伟还担任济宁市拥军优属协会法定代表人、常务副会长,每逢建军节、国庆节等节日,到市里抗战老兵、部分立功受奖的退役士兵、烈士家属和现役军人家中,为他们送上慰问金和慰问物资;近年来,为退役军人提供就业岗位200余个,为了保障辖区居民生活安全和营造高尚优美的环境,组织辖区退役军人成立了"食品药品安全纠察队"和"居民生活区安全文明纠察队",同时成立民兵工作部;动员鼓励有志青年参军,每年入伍5—7人,为双拥工作贡献了力量。

2020年年初,面对突如其来的新冠肺炎疫情,宋伟坚决贯彻落实习近平总书记"疫情就是命令,防控就是责任"的重要指示和上级党委决策部署,做到闻令而动,勇挑重担。接到通知当晚,宋伟组织全村党员和民兵进行"请战仪式",分别成立"疫情防控服务队"和"疫情防控突击队"。在辖区内设9个卡点,严格24小时专人轮番值守,严防死守每一个卡口。为保障疫情封闭管理期间居民和市民正常生活供应,在宋伟的倡导下,鑫琦集团旗下全市最大超市主动向社会承诺:"保安全、保服务、保供应,绝不涨价。"联合鑫琦物业成立物资配送队,开展上门派送服务,以保居民正常生活。鑫琦集团向慈善总会捐款500万元,用于新冠肺炎疫情防控一线人员生活保障。许多村民代表、大学生志愿者自发走到疫情防控点,他们穿上"红马甲",主动为辖区居民"守好门、把好关"。一股股爱的暖流凝聚起来，为打赢这场疫情防控阻击战贡献了强大的力量！

初心的永恒，写就了诗一样的故事。后八里沟村一无所有时，宋伟舍弃个人事业站了出来，成了村里的主心骨；15年的辛酸征程，使得风华正茂的宋伟染满白发，积劳成疾，2016年6月、2017年3月，在不到1年的时间里，先后做了两次头部手术。后八新村建设时，他率先垂范拆掉自家的别墅为群众带了好头；鑫琦集团成立时，他身先士卒带头掏钱集资入股打开了集体经济发展的大门，企业壮大后又无私地贡献了自己所得。

后八里沟村、鑫琦集团的发展壮大，离不开党的关怀指引，离不开宋伟的呕心沥血，离不开群众的倾力支持，也离不开村党组织一班人的团结奋斗。

初心的力量，凝聚成光辉的硕果。后八里沟村先后获得"全国文明村""全国民主法治示范村""中国美丽乡村""全国妇联基层组织建设示范村""全国五四红旗团支部""中国雷锋村""国家级3A景区""山东省干事创业好班子"等荣誉；宋伟个人也被授予"全国模范退役军人""山东省优秀共产党员"等荣誉。宋伟一班人以梦为马，以汗为泉，勇于探索，敢于突破，共同奋斗，在新时代社会主义新农村建设中书写出绚烂无悔的人生华章。

退役军人事务部思想政治和权益维护司供稿

"带领全村共同富裕是我最幸福的事"

刘明奎　林　琳

见到山东省邹城市后八里沟村党委书记宋伟,看着他已经斑白的双鬓,很难相信他只有46岁。同样,来到后八里沟村,看着眼前的高楼大厦、街心花园,也很难相信这里是农村。

从走街串巷的打工人成长为小有名气的企业家,在创业有成的阶段,宋伟选择回到家乡从零开始,用16年时间带领乡亲们甩掉贫困帽,圆了致富梦。"以前我们村是出了名的贫困村,现在是名副其实的全国文明村、中国美丽乡村。"说起村庄的变化,2020年度全国"最美退役军人"宋伟深感欣慰和自豪。

1992年,宋伟高中毕业,怀着对军营的向往参军入伍,在部队入党、立功。1996年退役后,宋伟选择外出打拼,从建筑工地的小工做起,经过数年艰辛创业,成立了小有规模的建筑公司和物业公司。宋伟常说:"虽然在部队没带回能直接就业的手艺,但军营让我学会了坚强自立、百折不挠,这就够了。"

2004年11月，后八里沟村村"两委"换届，许多村民找到宋伟，希望他能回村带领村民共同致富。一边是蒸蒸日上的事业，一边是贫穷落后的家乡，犹豫之时，父亲的一番话坚定了宋伟回村任职的信念："后八里沟村再穷，也是你的家乡。你当过兵，乡亲们信你。你扬眉吐气了，也要带着村里人扬眉吐气！"当年年底，宋伟全票当选村党支部书记兼村委会主任，开启了第二段白手起家的创业历程。

新官上任三把火，宋伟的"第一把火"就烧到了自己家。他依规劝辞了同时当选村委委员的大哥，动手拔掉了三哥违规栽在耕地里的树苗。带头给村干部立规矩、树正气的宋伟，让村民重拾了对村"两委"的信心。

要想富，先修路。然而，征求村民意见时，大家提出很多现实困难："修路是好事，但是钱从哪里来？""村里欠着20多万元的外债，再借钱恐怕行不通！"

宋伟拿出自己公司的流动资金，带着村里的党员义务修通了全村第一条水泥路，两条1千米长的中心街道和1.5万平方米的街巷全部完成硬化。随后，绿化荒滩、拓宽河道、修建水渠……大半年下来，后八里沟村旧貌换新颜。

村庄美了还不够，有着丰富创业经验的宋伟明白，只有带领村民做大做强集体经济，才能让村子真正富起来。2006年，他多方筹措资金，先后开办酱菜厂、水泥预制件厂等4家企业，当年村集体收入就突破百万元。

2007年，邹城市出台城中村改造政策，鼓励条件适合、地处城区附近的村庄退村建楼，改善居住环境。宋伟敏锐地意识到，这是推动村庄发展的难得机遇。他带头拆掉自家的新房，又联系了在外经商的十几户村民共同筹资，启动新村建设，并承诺让村民不花一分钱拎包入住。

不到1年时间，24幢楼房拔地而起，全村村民搬进了宽敞明亮的新房，电磁炉、热水器等家电一应俱全。社区里有花园、儿童乐园，还有直达城区的公交车。后八里沟村成为全市第一个当年开工、当年入住、整体搬迁的村庄。

2007年，后八里沟村成立了开发公司和建筑公司，正式实行村企合一的管理模式。2012年，后八里沟村成立党委，宋伟任党委书记。为推动整体发展，他整合资金成立集团，形成了涵盖教育科技、医养康养、文化旅游、建筑地产、商贸物流等多领域的产业新格局。

2017年，为响应乡村振兴战略部署，宋伟带领村集体实施股份制改革，成立股份经济合作社。当年年底，村民人均分红4万多元。

◆ 宋伟在六一儿童节向辖区儿童赠送实用图书

分红大会上,宋伟将个人在集团的股权所得全部捐献给村集体。他说:"反哺家乡、带领全村共同富裕,是我这个老兵最大的责任,也是最幸福的事。"

"发展经济,离不开党的好政策,更离不开军人军属的无私奉献。我们现在富裕了,绝不能亏待了军人和军属。"这是宋伟当选济宁市拥军优属协会常务副会长时的誓言。

2007年,宋伟在村里建起双拥工作站。村民宋西江是我国第一批基建工程兵,当兵8年后退役返乡。近几年,他因病生活不能自理,宋伟组织志愿者上门为他服务,还经常用轮椅推着他到广场、公园散心。

在后八里沟村,每年老兵退伍、新兵入营时,宋伟都组织迎送仪式,营造尊崇军人的浓厚氛围。16年间,村里共有46名优秀青年参军入伍,村集体先后安置200余名退役军人就业,支持10余名退役军人自主创业。

《解放军报》2021年5月29日

最美退役军人

张国强

ZUIMEI TUIYI JUNREN

张国强：坚守军人本色
争做民族汽车品牌振兴的排头兵

赵建龙

"军礼依然还是这么标准。"今年53岁的张国强在工作中受领任务时，依然喜欢用敬军礼表达自己的态度，虽然离开部队30多年了，但是兵的本色已经融入血液、深入骨髓，"30多年前我是个兵，今天，我依然是个兵！"如今已经成为中国一汽解放汽车有限公司质保领域高级专家的张国强，认为自己仍旧是个兵。

从没啥文化、没有技能的汽车兵，成长为全国技术能手、中国汽车工业杰出人物、吉林省首席技师、一汽集团优秀科级人才、获得全国五一劳动奖章……张国强说："一切源于部队的培养，源于永远不变的初心。"

爬冰卧雪、永不言悔，他是名优秀"汽车兵"

1983年11月，张国强和身边热血青年一样，怀揣着报国志应征入伍，起初在警卫排和纠察队当战士，后来源于对汽车的热爱和连队工作需要，他成了部队里的汽车修理工和驾驶员。

"与汽车打交道是最幸福的事儿。见了车，就爱上了车。"张国强说起自己当初的选择，依然十分自豪。当年所在的机械化部队到处都是解放牌汽车，牵引炮的、拉弹药的、拉人和物资的。

冬练三九，夏练三伏。部队野外拉练，总是选择最艰苦的条件。严冬半夜修车，保障拉练部队正常运行，成了张国强修车的"家常便饭"。

一次拉练中，汽车半夜坏在野外。张国强和战友赶到现场已是夜里12点多。没有修车用的地沟，在车与地面的狭窄缝隙中，张国强穿着普通棉袄躺在雪地上修理作业。

"那时候，咱东北的冬天零下30多摄氏度，很常见。"张国强说，当时检修发现汽车的差速器坏了。等到修完车已经凌晨4点多了，整个人仿佛就要冻在了地上。

当年条件有限，冬天野外作业张国强也只能戴个线手套，"机械上有毛尖，不戴手套容易被划伤。可手套被油浸湿，又是刺骨的凉。"修完车，回到宿舍，张国强浑身疼得睡不着，在被窝里哆嗦了好一阵，身子才缓过来。

在部队修车，是一种磨炼，张国强却没有退缩，而且还通过努力，在部队入了党。

"正是因为有了部队的磨炼，才有了自己不怕困难，勇攀高峰的信心和毅力，也为自己人生之路铺垫了坚实基础！"说起军旅生涯，已到天命之年的张国强依然十分留恋和不舍。

初心不改，踏实肯干，他是缝纫车间唯一的"男兵"

1986年从部队复员，张国强来到一汽工作。他庆幸能继续跟喜爱的汽车打交道。然而，出乎意料的是，张国强被分配到内饰件厂担任缝纫工，为解放卡车生产汽车座椅。

"当时，正赶上一位女师傅怀孕要生产，没人愿意顶岗。"车间主任找到张国强，他没有推辞，随后，他成了缝纫车间的唯一的小伙子。20多岁的张国强，跟着40多名女工，一干就是3年。

一同来到一汽的转业兵不少，大伙聚到一起，总拿这个事儿和张国强开玩笑。"这电动缝纫机，踩起来也像踩油门。"张国强说，"当过兵的人，就是哪里需要去哪里，在哪个岗位上都要把工作干好！"

1990年，一汽质量检查处在集团范围内公开招聘整车检查员，张国强听到消息报了名，顺利通过公开考试，成为一名真正的整车检查员。

厂里21个人报名，录取5人，他们当中多是搞机器的，没离开汽车的生产。而张国强成为唯一干缝纫出身的整车检查员。"全凭着部队里修车打下的底子。"张国强说，自己是个战士，永远不会在困难面前低头。

刻苦学习，永不服输，他成为整车质检岗位"老兵"

"部队的生活，让人更加自主独立。"张国强深有感触地说，再艰难的任务接过来，也要千方百计自己给解决掉。

在部队当修理工期间，部队特意派张国强到地方汽车企业学习8个月。"挺有压力的，送你去学了，怕学不到东西回来丢人。"张国强说，企业的师傅只是教咋样做，却不告诉其中的原理。

张国强能想的办法就是买书偷着学，晚上回去看，白天在车上对照印证。不敢在车间看书，是因为张国强怕师傅有想法，"显得师傅教得不好呗"。

当时，张国强一个月津贴才10元钱，买一本书就花了22.3元。"汽修的书大多是彩图，贵啊！"钱不够，张国强跟父母借了70元钱。

8个月学徒结束，张国强再回到部队里，已经能给老兵当师傅了。

"我本身也不太服输。"张国强说。在部队学手艺要吃苦，进入整车检查员岗位，张国强一下子又成了"小白"，又一次从头学起。

"踩了3年缝纫机，知识都落下了，跟不上汽车的变化。"张国强成了整车检查员，却怕技不如人被轻视。平时，同事闲聊天的时候，张国强就愿意围着车转，去发现问题，印证书中的原理。

下班回家，张国强一头扎进书里。"很少把书带到单位去，会让人家背地里笑话，一个工人，装样子看书。"张国强开玩笑地说。为了追赶工友，张国强把工资和时间都花在了买书看书上。

"看书，弄懂了其中原理。检车发现了问题，就能通过原理排除几个原因，而不是一个个试出问题。"张国强说，解决车上的问题，99%在于能找出问题原因，1%是动手修复。

看车、看书，正是靠着这股子钻研劲头，两年后张国强收获了第一份荣誉。1992年，集团公司工会举办技术运动会，张国强夺取了机动车检查工竞赛第二名。

对于厂里经常检查的车型,张国强熟悉连接每个零件的电线颜色,能背下整车螺栓的力矩……整车及其细节都装在了大脑里。

◆ 张国强对商品车进行质量检查

2006年,张国强又拿下全国首届载货汽车装调工职业技能大赛第一名。"我得了96分,第二名53分。"张国强回忆,比赛结束签字时手依然在抖。

比赛要求半小时排除6个故障,而且是从未接触过的新车型。张国强成为唯一排除全部故障的选手,"全靠平时学习的原理,一通百通"。

"报告,已完成。"这话是张国强对所有工作的总结。"只说结果,不讲困难。说困难,在部队里是受鄙视的。"张国强说,战士的眼里只有胜败,没有困难。

张国强

敢于担当，勇攀高峰，做民族汽车品牌振兴的"科技尖兵"

一次，张国强陪同公司领导，到车间验证转向异响的问题，领导提出查看动力转向油罐里的滤芯状况，十几个人围着，着急要拆卸。

滤芯淹没在动力转向油中，不知道原理，没有油的情况下都难以拆卸。张国强没多想，把手探入转向油罐中，摸到滤芯，准确迅速地拆卸下来。

"这么痛快就拆下来啦！"现场的人无不惊讶。"如果非常费时、费劲，还可能完成不了，现场如何交代？"临时出现的难题，却成了张国强的精彩表演。

"活都是给自己干的，以后都会有用。"张国强总是对大家这样说，转向油罐及滤芯自己曾经因为感兴趣研究过。日常工作中，张国强对汽车动脑、动手，从不放过任何问题。

如今，作为高级专家，张国强更加侧重解决解放卡车中存在的潜在问题、结构性问题。"不断学习，成为工作常态。"张国强发现汽车设计中的问题，还要跟设计师进行沟通交流，"没有理论功底，咋跟专家交流？"

曾经，在检查一辆新款卡车时，张国强感觉转向杆和减震器的空间布局有些异常，有干涉的可能。但是，在正常条件下，没有任何干涉的问题出现。设计师经过反复考量论证，认为没有问题。

"有千万分之一的可能都不行，故障危险可能性必须为零。"张国强不死心，将卡车的减震器涂抹上红色颜料，找极端恶劣的路，亲自开车测试。

"颠簸到车都能飞出去的程度。"张国强一遍遍在扭曲的路面上测试，再去观测转向杆和减震器的状况。最后，张国强发现转向杆沾上了颜料。

"证明在极端恶劣的路况，转向杆和减震器会碰撞，形成干涉。"张国强的测试，说服了设计师，优化了卡车的结构设计，避免了潜在的安全隐患。

别人问他，"杜绝这样一个设计问题，能为企业挽回多少损失？"面对这样的问题，张国强有些诧异，腼腆笑道："没有想过。我能解决一个问题，就很有成就感了。"

解决整车制动系统渗漏问题，被一汽解放评为"质量管理一等奖"；发明用垂线法精确测量前轮前束的检验方法和价值20万元的进口设备监测一个小时数据精确度不相上下……30多年来，张国强参与解决的问题，已难以计数。

作为高级专家，做好人才培养和经验传承也成了张国强的一项重要任务。2017年，张国强参与编制并主审的《汽车装调工国家职业技能标准》，成为很多人学习的教材。

从部队里修解放汽车，到走向企业生产解放汽车，从一名只会操作方向盘的门外汉，到一汽解放汽车质保岗位上的科技领头人，张国强军人本色不改，初心不变，砥砺奋进，在民族汽车品牌振兴的道路上阔步前行。

退役军人事务部思想政治和权益维护司供稿

从汽车兵到大国工匠

乔振友　赵建龙　刘鹏立

"是！坚决完成任务！"

今年已经 53 岁的中国第一汽车集团有限公司（以下简称一汽）整车道路试验工张国强，如今受领重要任务时，仍然习惯性地用敬军礼来表明态度。虽然离开部队 30 多年了，但张国强骨子里还当自己是一个兵。

"当兵的经历是我一生的财富，鞭策着我在工作中积极学习，不断进取。"从初入军营"没啥文化"的汽车兵，到全国技术能手、全国五一劳动奖章获得者，一路走来，在军营里锻造的奋斗品格，成为张国强人生最亮丽的底色。

当兵，就当优秀的汽车兵

1983 年 11 月，张国强怀揣报国之志参军入伍。在营区里看到一辆辆威武的解放大卡车，张国强立刻着了迷，挪不动步子。

张国强的一举一动，被细心的连队干部看在眼里，便选送他到汽车训练队去学习。以优异成绩学成归来，张国强先后成为连队的汽车修理工和驾驶员。因为表现出色，他又被推荐到地方汽车企业学习1年。

"与汽车打交道是件快乐的事。"张国强如饥似渴地汲取着"养分"，每个月的津贴省吃俭用后都被他用来购买相关书籍。白天在车上对照印证，晚上在宿舍看书学习，培训结束回到部队，张国强已经能给老兵当师傅了。

一次部队冬季夜间拉练，一辆卡车在野外抛锚。张国强和战友赶到现场，已近凌晨1点。钻进卡车与地面的狭窄缝隙里，张国强一修就是3个小时。等卡车修好后，他整个人都快冻僵了，躺在地上腿脚动弹不得。战友们把他抬回宿舍，他在被窝里暖了1个多小时才缓过来。

一次次急难险重任务的摔打磨炼，让张国强很快成长起来，成为一名光荣的共产党员。"这段军旅生涯为我的人生之路打下坚实的基础。"每次看到那张身着绿军装、头戴棉军帽的老照片，张国强都会想起那些难以忘怀的军营往事。

退役，甘做缝纫车间唯一的"男兵"

1986年12月，张国强从部队复员，被安置到一汽工作。还能继续跟自己喜爱的汽车打交道，张国强很满意。出乎意料的是，他被分配到内饰件厂成为一名汽车座椅缝纫工。

当时，正赶上缝纫车间一位女工休产假，一时找不到人顶替她的岗位。车间主任找到张国强说明情况,还没等做他的思想工作,张国强就表态:"我是一名党员、一名老兵,啥时候都服从命令听指挥,哪里需要到哪里!"

就这样,张国强成了缝纫车间唯一的"男兵",跟着40多名女工干起了"针线活",一干就是3年。

"电动缝纫机的踏板,踩起来跟踩油门有啥不一样啊?"和张国强一同分到一汽的退役军人有不少,大伙聚到一起总爱和张国强开玩笑。张国强每次都一脸严肃地说:"咱当过兵的人,在哪个岗位都要把工作干好。只要是为国家作贡献,干啥都一样!"

转岗,成为质检岗位的"奇兵"

1990年,一汽质检处在公司范围内公开招聘整车检查员,张国强报了名。21个报名人选,大多是之前就从事汽车生产工作的,最终录取的5个人里,张国强是唯一一名干缝纫出身的。

"那时能录取全凭着在部队修车打下的底子。踩了3年缝纫机,知识都落下了,进入整车检查员岗位,得从头学起。"

上班时,张国强人不离车,一个部件一个部件琢磨,查找问题。下班回家,他一头扎进书堆里,寻找答案。

看车、看书,上车、修车,周而复始,不厌其烦,对于厂里的车型,张国强熟悉连接每个零件的电线颜色,能背下整车螺栓的力矩⋯⋯靠着这股子钻劲,两年后,张国强在公司举办的技能大赛中夺取了机动车检查工竞赛第二名。

2006年,张国强代表一汽参加全国首届载货汽车装调工职业技能大赛。比赛要求选手面对未接触过的新车型,在半小时内排除6个故障。最终,张国强成为唯一一名排除全部故障的选手,一举夺魁。

钻研,争做振兴民族汽车品牌的"尖兵"

一次,张国强陪同公司领导到车间验证转向异响问题,领导提出查看动力转向油罐里的滤芯状况。因为滤芯埋在动力转向油中,如果不知道原理很难拆卸。当时,张国强走上前去,把手探入油罐里,摸到滤芯后准确迅速地拆卸下来,让现场的人惊叹不已。

◆ 张国强(前排左一)在第二届全国载货汽车装调工职业技能大赛上担任裁判

之所以能"技惊四座",是因为张国强对汽车的每个部件都有深入研究。如今,张国强作为高级专家,更加侧重解决解放卡车中存在的潜在问题。一次,在检查一辆新型卡车时,张国强感觉转向杆和减震器的空间布局有些异常。但设计师经过反复考量论证,认为应该没有问题。

"有千万分之一的可能都不行。"张国强将卡车的减震器涂抹上红色颜料,到路况恶劣的道路上开车一遍遍测试。最后,张国强发现转向杆沾上了颜料,证明在极端恶劣的路况下,转向杆和减震器会发生碰撞,形成干涉。测试结果说服了设计师,他们改进优化了结构设计,避免了潜在的安全隐患。

解决整车制动系统渗漏问题,被一汽评为质量管理一等奖……这些年,张国强参与解决的问题难以计数。2017年,他参与编制并主审的《汽车装调工国家职业技能标准》,成为全国同行业人员的标准教材。

从一名操作方向盘的汽车兵,到引领技术创新的"汽车人",张国强军人本色不改,用不懈努力诠释大国工匠精神,为振兴民族汽车品牌贡献自己的力量。

《解放军报》2021年3月20日

最美退役军人

陈卫华

ZUIMEI TUIYI JUNREN

陈卫华：头戴税徽的"张思德"

任 洁

在国家税务总局北京市西城区税务局，有这样一名特殊的军转干部，他曾任张思德班第三十一任班长，因工作突出，被树为和平时期带兵模范"张思德"。2010年转业后，他把昔日的荣光悄悄装进行囊，把"绿色军营"的好思想、好作风和好传统带进"蓝色税岗"。从最基层的办税员做起，工作中兢兢业业、无私奉献，生活中热心真诚、先人后己，赢得了领导、同事和纳税人的一致好评，被称为头戴税徽的"张思德"。他，就是国家税务总局北京市西城区税务局第一税务所副所长陈卫华。

于税收专业上用功，"忠诚有我"

"干一行爱一行，爱一行钻一行。"在接受采访时，这是陈卫华经常挂在嘴边的一句话。转业伊始，面对陌生的税收知识，他积极钻研，虚心求教，在一次又一次的休息日里，他"啃"下了一本又一本税收专业书籍，记下了一本又一本密密麻麻的笔记，迅速从一名税收新兵成长为一名业务骨干。

在契税征收专业厅工作期间，他深知契税业务政策性强、服务标准要求高、税收执法风险大的特点，在服务好每名纳税人的同时，坚持对每笔业务、每项材料从严审核。在受理一户二手房缴税业务时，一名房屋中介出示了一份金额800多万元的拆迁补偿协议，要求按政策抵免契税税款。凭着多年练就的"火眼金睛"，在触摸到协议的那一刻起，他立马产生了疑问。询问中介的过程中，中介闪烁其词，多次请求他"帮帮忙，先出票，有什么个人要求全部满足"。面对利益的诱惑，他没有迟疑，立即报告主管所长。事实证明，他的推断是正确的，该拆迁补偿协议涉嫌伪造。而这时，那名中介恼羞成怒大声嚷道："我记住你了，你等着，不定哪天收拾你！"面对赤裸裸的人身威胁，他毫无畏惧，挺直脊梁大声回应："身穿税服、头顶税徽就要对得起这份责任，走到哪里我都不会怕你！"就这样，他用刚性的税法和柔性的服务捍卫了国家税收的尊严与权威。

于纳税服务中用情，"真诚有我"

"对我们北京市西城税务局来说，办税服务大厅就是门面，是服务纳税人的第一步。"在西直门政务服务大厅税收业务窗口前，陈卫华向记者介绍道。而他负责的导税组，更是直面纳税人的前沿阵地。面对一拨拨的纳税人，他始终微笑服务、细致解答，真正做到了让纳税人"带着疑问来，满载收获走"。

提起大厅的陈卫华副所长，刚办完业务的一名企业办税人员不

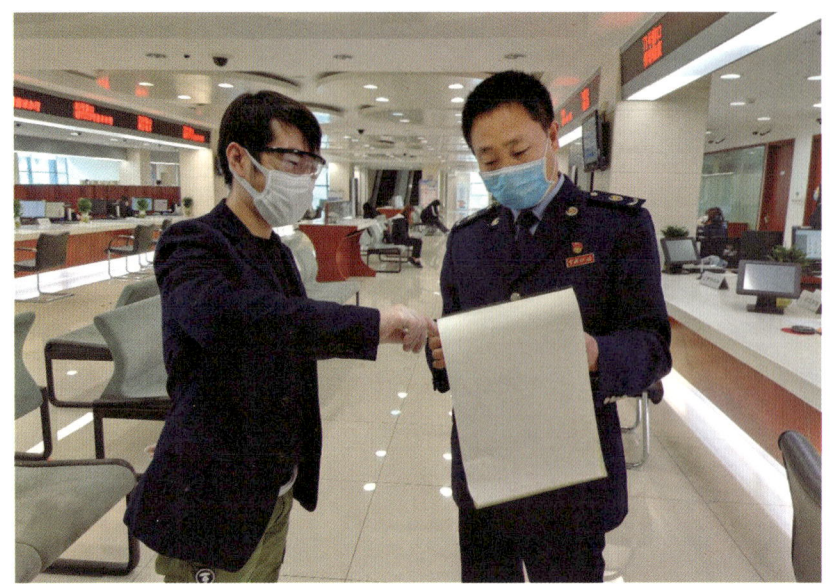

◆ 陈卫华在契税征收专业厅为纳税人答疑解惑

禁竖起了大拇指:"税务局现在不但把'一窗式'办理做得很到位,就连业务咨询都是'一站式'服务。只要遇到这名所长,基本就可以把想咨询的业务一站式问透,真是太方便了!"

不仅如此,他遇节假日加班,带头不休;遇其他同志有困难,主动替岗;遇领导不在,积极把工作"捡起来"。下午的疲劳期,主动给小伙伴们添水,看到嗓子哑的干部,贴心地送去润喉糖。他是纳税人眼里的"三好生",是年轻小伙伴们眼里的"兵哥哥",更是同事们心中的"窗口服务标尺"。

于忘我工作中用心,"担当有我"

在陈卫华看来,每项工作,无论大小,都像是一份考卷,而勤勤恳恳的工作态度、迎难而上的工作担当正是他答题的"法宝"。

这一天，陈卫华像往常一样正在大厅忙碌着，山东老家突然来电，他的父亲罹患恶性肿瘤，需要紧急手术！突如其来的消息犹如晴天霹雳，然而匆匆回到老家签署手术同意书的他却一直放心不下手头的工作。他担忧父亲，但深知自己肩上的责任。纵然万般不舍，却没有过多停留，他连夜兼程赶回局里继续投入忙碌的工作，只能在千里之外通过视频和电话询问父亲的病情和状况。提起当时的情景，他还是有些动容："对家里人还是会感到有点愧疚，也特别感谢他们对我工作的理解和支持。"舍小家为大家，以所为家，他用实际行动践行了一名税务干部的使命与担当。

于服务大局时用力，"抗疫有我"

2020年伊始，新冠肺炎疫情来势汹汹。大年初一晚上，他匆匆从外地老家赶回北京，隔离期满14天后迅速投入工作。面对下沉社区支援一线的号召，他第一个报名，"驻扎"在人流量极大的义达里社区，他逐户摸排、严把关口，总结出的"六步工作法"（一测二查三问四登五消六报）被其他防疫工作者称为"防疫宝典"。从皑皑白雪到烈日炎炎，从晨光熹微到万家灯火，170余天的坚守见证了他对一方群众平安的牢牢记挂。他在社区抗疫工作中的突出表现得到了义达里社区的充分肯定，社区主任要为他写表扬信，他婉言谢绝了："疫情面前，我们就是革命的一块砖，哪里需要哪里搬。"

10年中，陈卫华曾获得过市级、区级等多项荣誉，然而他始终秉持着"退伍不褪色,换装不换心"的原则,奋战在一线,以身作则,牢牢树立起了共产党员先锋的旗帜,用实际行动诠释了"共产党员""人民公仆"的深刻内涵。

退役军人事务部思想政治和权益维护司供稿

全国"最美退役军人"陈卫华：
从"绿色军营"到"蓝色税岗"

虽然离开军营超过 10 个年头，陈卫华还保持着很多军营习惯，每天早上 5 点准时起床，7 点第一个到达单位。作为一名军转干部，军旅生涯带给他的不仅是良好的生活习惯，更是他为人民服务的永恒初心，从"绿色军营"到"蓝色税岗"，变换的是工作角色，也有很多东西是永远不会改变的。

2010 年，陈卫华脱下绿色军装，进入原北京市西城区地方税务局工作，穿上蓝色税服，开启了人生新篇章。他坦言，那个时候自己有过犹豫和压力。"从军 19 年，转业就意味着自己在业务上要重新开始。在税务工作面前，我又变成了一名小学生！"

不过，他也有一种不服输的劲头，"我就想，虽然工作岗位换了，但为人民服务的信念都是一样的，正是这种信念让我鼓足勇气从头开始！"

认真学习半年以后，他终于坐到了契税服务台前，开始为纳税人办理业务。一年的时间，陈卫华进步神速，在全所年末综合考评时荣获第一，这让他心里终于有了底。

2015年的一天，一位女士拿着一份"拆迁协议"来办理契税业务。按照政策，对于拆迁户再购买新房，可以享受同等金额下的契税抵免。

"我从第一眼就觉得不对劲"，曾担任警卫战士的经历让陈卫华练就了一双"火眼金睛"。"远看人、近看证、对着相片看钢印"是警卫员的基本素养。在税务所工作的这几年中，他在接触大量《拆迁协议》过程中也总结出了各种鉴别方法，从协议的文号、字体、合页分页、公章甚至是纸张手感，都能辨别出来。

陈卫华不动声色，观察着这名女士的神情，发现她始终不愿直视自己，而且表现得也有些不自然。这时，他已心中有数，随即以"涉及金额过高需要请示领导"为由上楼向所长汇报。经与当地拆迁

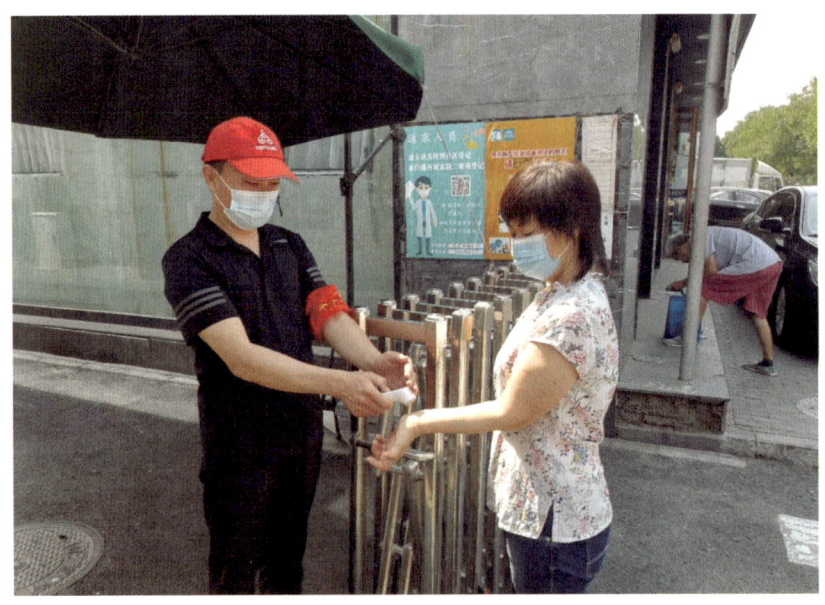

◆ 新冠肺炎疫情期间，陈卫华下沉义达里社区协助做好疫情防控工作

办核实，最终证明这份拆迁协议是伪造的。半路出家的陈卫华凭借一双"火眼金睛"，为国家挽回税款20多万元。

现在的陈卫华是国家税务总局北京市西城区税务局第一税务所的副所长，负责西城区政务服务中心西直门办税服务厅的多项业务。从事管理岗后，陈卫华依然用在军营中学到的经验开展工作。

新冠肺炎疫情期间，陈卫华的岳父身患重病，本来想春节回老家踏踏实实过个团圆年，但为了不耽误工作，他大年初一晚上就开车回到了北京。

在下沉社区防控疫情中，陈卫华是所里第一个报名的。他在西城区义达里社区参与社区疫情防控，一待就是170多天。在这里，他总结了"一测、二查、三问、四登、五消、六报"方法，积极疏导、主动沟通社区工作。同时，他还"遥控"着办税服务厅里的工作。"社区是一线，大厅也是一线，哪个都不能懈怠！"他说。

北京市退役军人事务局 2020 年 12 月 31 日

最美退役军人

陈炳金

ZUIMEI TUIYI JUNREN

陈炳金：阡陌田野走出的农民科学家

张 茂 许 鹏

有这样一位农民科学家，被人们亲切地称为"辣椒大王"。在辣椒育种方面，他育成辣椒新品种 70 余个，30 年来在全国多个省（市、区）大面积推广，产生巨大的经济效益和社会效益，极大地助推了我国辣椒领域的科技进步。他就是四川省川椒种业科技有限责任公司总工程师陈炳金。

这位曾获得四川省优秀共产党员、模范退役军人以及全国军地两用人才先进个人、全国十大读书人物、国家科学技术进步二等奖、全国劳动模范等众多荣誉的农民科学家，谈及如今取得的成就，他深深感到，是 5 年的军旅生涯淬炼了他坚韧刻苦的刚强意志，培养了他坚持自学的良好习惯，这些是取得成绩的先决条件，同时也让他受益一生。

陈炳金

当兵：淬炼刚强意志

1975年，19岁的陈炳金报名参军入伍，这是他第一次离开家乡富顺，挥泪告别父母，从祖国的西南远赴东北，在吉林长春开启了自己的军旅生涯。刚到部队时，他就认识到自己的文化水平与同班战友的巨大差距。由于家庭贫穷，他初中毕业后就辍学回了老家。"陈炳金的文化水平不行，好多字他都不认识，老是拖我们班的后腿。"面对战友的奚落和嘲笑，陈炳金并没有从嘴上还击，而是暗暗下了决心，要加倍发奋努力，用实际行动证明自己。

他把所有的业余时间都用在了刻苦学习上，自觉天资欠缺，别人学习一遍就能记牢记好的知识要领，他往往要学上好几遍。他不仅认真学习文化知识，同样还努力提高业务能力，在有线兵的技能比赛中，他勇夺第一名，他的动作最为敏捷，三步上杆、勾杆打结、飞身下杆、攀登固定，一套动作行云流水，让大家刮目相看。可有谁知道，在这背后，他付出了超乎常人的努力，在别人离开训练场后，他还独自留下加练动作，自己的一双大腿因为训练过度肿得不成样子。在他快要坚持不下去的时候，他总会想起父亲的谆谆教诲：吃得苦中苦，方为人上人。

在后来的部队生活中，陈炳金不仅赢得了大家的尊重和认可，同时自身也得到锻炼和成长。他不仅能写会画，而且从一名普通战士不断成长为副班长、班长直到连队文书。正当他踌躇满志的时候，遇到部队改革，受年龄和学历限制，陈炳金靠提干改变命运的梦想因此而破灭，5年军旅生涯结束后又回到原点，他回到了家乡农村。

回乡：播种人生梦想

他没有气馁颓废，通过部队的多年锻炼，造就了他坚毅刻苦的可贵品质，也让他养成了坚持自学的好习惯。况且在他心中，改变贫穷的信念自始至终就没有动摇过。历经岁月，如今回忆往事时，他不止一次感慨，当兵的经历让他拥有了重新奋斗的知识本领和精神动力。

要是一个人踏实肯干，又勤奋地学习钻研，那么幸运之神自然就会眷顾他。陈炳金在担任生产队蔬菜小组组长期间，掌握了大量蔬菜栽培技术，同时又用心从各类农业书刊中获取最新的科学知识信息。通过大胆实践和不断尝试，他在1989年发明了"辣椒冬季育苗方法"，就是利用塑料棚透光蓄温、保温防寒的功能，把育苗时间提早到每年的10月上中旬，让辣椒苗在塑料棚中越冬，翌年2月下旬利用塑料大棚栽培，或3月上旬在露地用地膜覆盖栽培。该项发明有效利用了辣椒生长适温季节，延长了辣椒

◆ 陈炳金在四川省富顺县兜山镇辣椒基地查看辣椒长势

最佳生长期，大幅提高了辣椒的单位产量，让广大椒农受益，成为整个长江流域培育辣椒苗的主要方法之一。

自此，陈炳金更加注重学习，他不认为自己是天生聪明，认为真正的智慧在书中。在博览群书的过程中，把前人的经验、把书中的智慧学为己有，自己就成了聪明人、智慧人。

科研：铸就行业高峰

吃水不忘挖井人。为提升行业的技术水平，实现农民辣椒种植增产增收，陈炳金立足种椒第一线，不断研究总结，把理论与实践相结合，将自己的研究成果编著成技术教材。20世纪90年代后，他单独完成《杂交辣椒早熟丰产栽培技术》《科学种椒》等专著，与人合著《杂交辣椒育种与高效益栽培》，在全国各相关报刊发表专业性论文70余篇，并把《科学种椒》制作成50分钟的科教片在全国出版发行，专著和科教片在全国发行量累计达到100万余册（部），先进技术的普及大幅提高了辣椒的产量和产值。

陈炳金不断取得新突破，创新辣椒植保技术，解决了辣椒冬季死苗和辣椒杂交制种黄柄掉果生理病害，可使每亩辣椒制种减少损失约4000元。他发明创新的辣椒雄性不育三系配套育种技术国内领先，达到国际先进水平。回忆起做科研的日子，他赋诗一首：东面临海西傍山，棚前一片科研园；竹子捆绑做屋架，胶布上搭遮雨天；蚂蚁咬肉围脚转，蚊子鸣歌伴君眠；一菜一汤三餐饭，苦累之中品甘甜。

如今，陈炳金虽然年过六旬，但科研工作并未停止，常年奔波于全国各个科研基地。他目前的理想是要完成两个目标：一是把几十年积累的科学技术和育种经验继续发扬光大，多育出新品种好品种，继续造福百姓；二是把科研经验和科学技术传授给青年一代，带出一批青年育种家。

广袤的阡陌田野上，这位时刻保持并发扬着中国军人优良作风的农民科学家，始终行色匆匆、步履铿锵！

退役军人事务部思想政治和权益维护司供稿

陈炳金：从退役军人到"农民科学家"

刘小兵

他坚持自学搞科研30年，成功培育辣椒新品种70余个并在全国推广，推动了我国辣椒种植领域的科技进步，被群众誉为"农民科学家""辣椒大王"。

他就是"最美退役军人"、四川省川椒种业科技有限责任公司总工程师陈炳金。

谈及如今取得的成就，陈炳金感慨地说，是5年的军旅生涯淬炼了他坚忍不拔的顽强意志，培养了他勤奋自学的良好习惯。1975年，19岁的陈炳金报名参军入伍，在吉林长春开始了自己的军旅生涯。在部队，初中辍学的陈炳金把业余时间都用在刻苦学习上，自身素质得到了全面提升。

1980年，陈炳金复员，离开军营回到家乡四川富顺务农。"我相信用科技能改变人生、能摆脱贫穷。"陈炳金自学农业科技，种过葡萄、橘子，养过蚯蚓、土鳖，但均不成功。有一天，他读到一篇题为《辣椒栽培技术》的文章，就买来地膜建起了温室，播下第一批辣椒种子。由于产出的辣椒提前1个月上市，赚了不少钱。

从此，陈炳金开始在辣椒育苗上大展拳脚，大胆实践、不断尝试，在学中干、在干中学，走上了一条创新之路。1989年，陈炳金发明了"辣椒冬季育苗方法"，并成功申请了国家专利。该项发明有效延长了辣椒最佳生长期，大幅提高了辣椒的单位产量，让广大椒农受益，成为长江流域培育辣椒苗的主要方法之一。

"东面临海西傍山，棚前一片科研园；竹子捆绑做屋架，胶布上搭遮雨天；蚂蚁咬肉围脚转，蚊子鸣歌伴君眠；一菜一汤三餐饭，苦累之中品甘甜。"搞科研时的酸甜苦辣尽在陈炳金的这首诗中。功夫不负有心人，他创新辣椒植保技术，解决了辣椒冬季死苗和辣椒杂交制种黄柄掉果生理病害，使每亩辣椒制种减少损失约4000元。

◆ 陈炳金在海南玉米基地查看玉米长势

他发明的辣椒雄性不育三系配套育种技术国内领先,达到国际先进水平。

为了提升行业的技术水平,实现农民辣椒种植增产增收,陈炳金将自己的研究成果编著成技术教材。20世纪90年代,他完成了《杂交辣椒早熟丰产栽培技术》《科学种椒》等专著,并把《科学种椒》制作成50分钟的科教片在全国出版发行。30年来,他免费赠送全国各地椒农《杂交辣椒早熟丰产栽培技术》10万余册、《科学种椒》VCD 5万余张,每年到全国各地免费举办30多场次技术培训。

陈炳金虽已年过六旬,但其科研工作却从未停止。"我想要完成两个目标:一是把几十年积累的科学技术和育种经验继续发扬光大,多育出新品种好品种;二是把科研经验和科学技术传授给青年一代,带出一批青年育种家。"陈炳金说。

《光明日报》2021年5月7日

最美退役军人

郁文贤

ZUIMEI TUIYI JUNREN

郁文贤：他是退役军人，他创建了中国"北斗第一园"

如果不是主动提及，人们可能想不到，眼前儒雅、低调的郁文贤教授曾是一名军人。这位"全国模范退役军人"长期从事军民融合高新技术研究和产业化，率领研究团队在雷达目标识别、遥感信息处理、融合导航定位技术等方面取得一系列成果，为我国国防关键技术发展、装备研制和产业化作出了突出贡献。

2008年，郁文贤从国防科学技术大学正师职转业后，通过全球院长竞聘到上海交通大学，开始了创新创业之路。他发挥自己高新技术专家型、领军型退役军人的优势，带动和集聚了十几个退役军人创业团队入驻北斗西虹桥园区，打造出高学历、高素质退役军人创业的典范模式。

志存高远，投身国防科技建设

"人生的快乐，很大程度上取决于我们拥有和实现什么样的梦想。"1981年9月,怀着一腔报国之志,郁文贤进入国防科技大学学习,从此与国防事业结缘。

这位来自上海松江的农家子弟,在实验室苦熬了无数个日夜、付出了艰辛的努力之后,逐渐展现出过人的科研天赋。1987年夏天,学生们在老师的带领下来到海军某舰队做实验项目,郁文贤大都是上夜班,天未黑就钻进机房,天蒙蒙亮时才出来,一刻不停地采集数据并调试算法,干了足足两个月。

当舰队领导带着摄像记录设备来现场测试和考核时,郁文贤负责整个算法现场的联调和操作,最后取得了100%现场识别成功的成绩,大家欢呼相拥,郁文贤也非常激动。

1993年,郁文贤博士毕业后即在国防科大正式参军和任教。1996年,32岁的郁文贤被破格提拔为正教授,并历任学院总工、副院长和国防科大科研部副部长。

"十五"期间,郁文贤带领的团队,在我国3个舰队的4个观通站开展科研攻关,累计在海岛上的工作时间有近两年,完成了上万次的实际数据采集与识别实验,取得丰硕的研究成果。

在国防科大的27年间,郁文贤和他的团队创造了很多值得骄傲的成果:他主持研制的我国首套"通用型对海监视雷达目标识别与综合显控系统",在我军5种型号雷达装备应用;他主持开发的"SAR图像处理与目标判读系统",应用于我国第一颗雷达遥感卫星地面系统研制;他主持研制的我国首台套空间目标监视相控阵雷达目标识别信息处理系统装备,取得了重大军事效益。

执着于行,打造高科技园区模板

2008年9月从国防科学技术大学正师职转业后,郁文贤通过全球院长竞聘到上海交通大学,开始创新创业之路。

从部队到高校,30多年的科研生涯中,郁文贤继承恩师"北斗"卫星创始人陈芳允的衣钵,成为一名"北斗人"。在上海交大期间,他牵头承担北斗卫星导航长三角应用示范工程重大专项等项目,建立了上海市北斗导航与位置服务重点实验室,致力解决北斗导航与位置服务中的核心技术问题,技术发展成效显著。这些年,郁文贤也围绕北斗卫星导航系统的应用,持续展开研究。

2013年6月,位于上海青浦徐泾的中国北斗产业技术创新西虹桥基地(以下简称"北斗西虹桥基地")由原总装备部和上海市政府正式揭牌,同年年底基地正式开园,成为国内第一个正式运营服务的北斗产业园区。为推动产学研合作发展,郁文贤出任上海西虹桥导航产业发展有限公司董事长、上海北斗导航创新研究院院长。

从2011年就开始规划论证,2013年年底一期开园,再到2017年高泾路二期建成投入使用,北斗西虹桥基地见证和推动了北斗产业的爆发力:随着新进10家企业的入驻,园区已几乎容纳不下再多的新进企业。为了应对上海北斗产业发展的新一轮提速,一个面积两倍于现有园区的新北斗产业园,2020年也在青浦赵巷开建。

2020年7月31日,北斗三号全球卫星导航系统正式开通,北斗完成全球组网,标志着北斗系统迈入全球服务时代。核心技术往往具有通用特点,能够深度融入社会生活,渗透经济社会发展的各个方面。北斗导航系统正是这样。不久前,在备受瞩目的珠峰测高中,北斗导航系统就发挥了重要作用。而为武汉火神山医院建设提供高精度定位、精确标绘,支持无人机实现精准喷洒等防疫作业的,也是北斗导航系统。

越来越"接地气"的北斗导航系统,也正在为各行各业赋能,产生显著的经济效益和社会效益。随着北斗三号全球卫星导航系统星座部署全面完成,接下来,北斗产业的拓展与应用,也将迎来爆发期。

"天上建好,地上用好。"在上海北斗导航创新研究院院长、北斗西虹桥基地首席科学家郁文贤看来,随着全球组网星座部署完成,提前布局的上海北斗产业发展速度也将进一步加快。

郁文贤认为,目前,北斗与互联网、大数据、人工智能等新技术的融合发展,正在构建以北斗时空信息为主要内容的新兴产业生态链,

◆ 郁文贤(左二)与北斗卫星导航系统总设计师进行技术讨论

并正在成为北斗产业快速发展的新引擎和助推器，推动着生产生活方式变革和商业模式的不断创新。"上海北斗相关企业已经覆盖了全产业链，产品也覆盖导航卫星、星地增强系统、芯片、板卡、终端、导航数据采集和处理、系统集成、运营服务等各个领域。"郁文贤说。

当前，我国的导航产业发展已经形成五大规模化区域，分别是京津冀、长三角、珠三角、鄂豫湘、川渝陕。据郁文贤介绍，得益于政府支持、专业平台支撑、纵向资源集聚、横向跨界融合，目前，北斗西虹桥基地已成为上海北斗产业的集聚中心以及国内北斗产业园区的排头兵。这种园区模式带来了规模化和快速迭代发展的效果，也让上海北斗产业产值的增速排在全国前列，推动长三角跃升到全国第一梯队，并形成领先优势。

"以北斗西虹桥基地为例，这里聚集了百余家北斗导航与定位相关的企业，成功孵化引进了两家创业板上市公司总部，并辅导了多家科创板冲刺企业。园区目前年产值40亿元人民币，年产值增长率高达50%。"郁文贤表示，上海正在领跑全国导航产业发展。

正是凭借从部队里延续下来的认真、执着与毅力，郁文贤率领团队克服了无数困难，把北斗西虹桥基地建成了国内北斗产业第一园，"北斗西虹桥模式"也成为专业化高新技术特色产业园区的参考模板。

不忘初心，为退役军人创业搭建服务平台

在抗击新冠肺炎疫情一线，总能见到这样一群人的身影——他们曾是橄榄绿、浪花白、天空蓝。他们退役不褪色，退伍不退志。

疫情期间，郁文贤也充分发挥自身退役军人身份的优势，号召战友积极行动起来，书写"若有战，召必回"。

疫情发生后，郁文贤等全国模范退役军人以及上海市最美退役军人积极响应中央和市委市政府要求，迅速行动，共同发起"致全市退役军人战友的倡议书"，倡议广大退役军人要"勇于担当、为党分忧，为打赢疫情防控阻击战贡献退役军人力量"。在郁文贤的积极推动下，上海西虹桥北斗导航产业园区作为退役军人创业的重要基地，带头履行企业社会责任，第一时间开展捐款捐物，捐款超过200万元。

同时，郁文贤还带动十几个退役军人创业团队入驻，打造出主题鲜明、高学历高素质退役军人创业模式的典范。目前，北斗西虹桥基地共孵化出军队转业军人创业运营企业10家。基地内的多家企业，也为退役军人提供了就业选择，其中，部分创业团队吸纳的退役军人就业者达75%。

此外，为了更好地促进退役军人创业就业与产业合作发展，2019年5月，由郁文贤和众多退役军人企业家共同组织发起的上海高新产业融创服务战略联盟（以下简称"融创联盟"），也落户于北斗西虹桥基地。融创联盟以市场为导向、需求为牵引，开展实体化、市场化运行，致力于为广大退役军人创业就业搭建各类服务平台、空间和条件环境，促进退役军人人力资源与产业开发，推动产业发展。截至目前，"融创联盟"已发展成员57家。其中，退役军人创建、运营的企业占75%以上。

身为创新创业过来人，郁文贤深知退役军人创业的不易，他也决心为这一群体多做点事。在繁忙工作之余，郁文贤一直见缝插针撰写融创联盟的重点工作计划。"退役军人自主创业者多以'技术导向'与'渠道导向'为主，缺乏相应的沟通协调平台，普遍面临人才、资金、资源、渠道等短板。"郁文贤说，通过联盟的平台机制，可以为退役军人提供更多市场化服务，加速一批上海退役军人创业企业的成长。

郁文贤给自己定了目标，第一个目标是打造一个示范性的、非营利性的智慧服务平台，从精准培训、职业引导、智慧康养等方面提供各种服务，让退役军人能够找到自己感兴趣的服务；第二个目标是培育和扶持3—5家科创板上市企业；第三个目标是打造一个规模更大的退役军人创新创业园区，让园区更显退役军人创新创业特色。

退役军人事务部思想政治和权益维护司供稿

"最美退役军人"
为北斗导航"引航"

江跃中

2020年12月18日,中宣部、退役军人事务部、中央军委政治工作部,联合发布2020年度全国"最美退役军人"名单,上海交通大学讲席教授、上海北斗导航创新研究院院长郁文贤榜上有名,是申城唯一一名入选者。发布词赞誉道:被称为"中国精度"缔造者和北斗导航"引航人"的郁文贤,在从部队到地方30多年的科研生涯中,率领研究团队在雷达目标识别、遥感信息处理、融合导航定位技术等方面取得一系列成果,作出了突出贡献……

2020年12月8日,国家主席习近平同尼泊尔总统班达里互致信函,共同宣布珠穆朗玛峰最新高程——8848.86米。这次珠峰测得的新高度,有上海北斗西虹桥基地入驻企业华测导航的一份功劳,这次测量珠峰,首次用上了华测导航的国产全球卫星导航系统产品,而上海北斗西虹桥基地,正是郁文贤历经多年建成的"国内北斗产业第一园"。

建立北斗重点实验室

1981 年 9 月,郁文贤进入国防科大学习,从此与国防事业结缘。其间,郁文贤和他的团队创造了很多值得骄傲的成果:他主持开发的"SAR 图像处理与目标判读系统",应用于我国第一颗雷达遥感卫星地面系统研制等。

2008 年,郁文贤从国防科学技术大学正师职岗位转业后,通过全球院长竞聘来到上海交通大学,开始了创新创业之路。他牵头承担北斗卫星导航长三角应用示范工程重大专项等项目,建立了上海市斗导航与位置服务重点实验室,致力于解决北斗导航与位置服务中的核心技术问题,技术发展成效显著。

集聚百余家导航企业

2013 年年底,位于青浦区的北斗西虹桥基地正式开园,成为国内第一个正式运营服务的北斗产业园区。为推动产学研合作发展,郁文贤出任上海西虹桥导航产业发展有限公司董事长、北斗西虹桥基地首席科学家。

凭借从部队里延续下来的认真、执着与毅力,郁文贤率领团队克服无数困难建设"第一园",建设模式成为专业化高新技术特色产业园区的参考模板。运营 7 年来,园区发展突飞猛进:累计集聚百余家导航产业相关企业,并形成完整的北斗导航与位置服务产业链;已成为上海北斗产业的集聚中心以及国内北斗产业园区的排头兵,园区模式带来了规模化和快速迭代发展的效果,也让上海北斗产业产值的增速排在全国前列,推动长三角跃升到全国第一梯队,并形成领先优势。

◆ 郁文贤在第八届中国卫星导航学术年会上作学术交流

"我们已成功孵化引进了两家创业板上市公司总部,并辅导了多家科创板冲刺企业。园区目前产值40多亿元人民币,年产值增长率高达50%。"郁文贤欣喜地说。

搭建创业的服务平台

脱下军装,郁文贤的"战场"在变,但创新创业的初心始终不变。他带动十几个退役军人创业团队入驻北斗西虹桥基地,已孵化出转业军人创业运营企业10家。基地内的多家企业,也为退役军人提供了就业岗位，其中部分创业团队吸纳的退役军人就业者达75%。

为了更好地促进退役军人创业就业与产业合作发展，2019年5月，由郁文贤和众多退役军人企业家共同组织发起的上海高新产业融创服务战略联盟，落户于北斗西虹桥基地，致力于为广大退役军人创业就业搭建各类服务平台、空间，促进退役军人人力资源与产业开发。

新冠肺炎疫情发生后，郁文贤带领园区企业积极应对，支持企业复工复产，不仅及时向企业提供防疫物资，还免除了企业2个月的租金。尽管受到疫情的不利影响，但北斗西虹桥基地的营业收入依然逆势上扬，截至11月，2020年实际入库税收已达1.3亿元，超额完成了年度目标，预计全年入库税收将达1.5亿元。

头发白了不少的郁文贤并不满足，他给自己定了几个新目标：培育和扶持3—5家科创板上市企业，打造一个规模更大的退役军人创新创业园区等。

《新民晚报》2020年12月20日

最美退役军人

赵孝英

赵孝英：老兵再上战场，
热血依旧滚烫

朱广平

"脱下军装仍然是个兵，当祖国和军队需要时，我当挺身而出，奉献一切！"军队支援湖北医疗队员、原火神山医院感染一科一病区护士长、陆军特色医学中心胸外科护士长赵孝英忆及武汉抗疫经历，仍信念坚定，斗志不减。这位在武汉抗疫中有突出表现的退役老兵被评为全国"最美退役军人"。

2020年1月下旬，新冠肺炎疫情肆虐江城，武汉告急！1月24日，除夕前一天，赵孝英原计划准备乘当天的飞机回山东济南为父亲庆祝七十大寿。虽已脱下军装，成为返聘人员，但她得知武汉疫情严重、要抽组医疗队支援的消息，立刻放弃回家，选择请战出征。"我是一名老党员，一名老兵，我参加过汶川抗震救灾和援非抗埃，有实战经验，请组织给我参战机会。"

2014年11月14日至2015年1月22日，身为军人的赵孝英入选我国援利抗埃医疗队，奔赴利比里亚执行抗击埃博拉病毒的任务。

面对埃博拉病毒疑似患者，面对极为艰苦的环境，面对死亡的威胁，她克服艰难困苦，与战友创造了成功救治持续高热15天埃博拉重症患儿的奇迹，在异国他乡树立起中国军人的好形象。

时隔5年，已脱下军装的赵孝英再次毅然奔向战场。2020年除夕当夜，赵孝英和医疗队星夜驰援武汉。医疗队成建制接管金银潭医院一个病区后，战斗迅速打响。她第一个进入红区，一边按照医嘱救治患者，一边安抚和鼓励年轻的队员，在闷热难受的三级防护下，她在规定时间以外又坚持工作两小时，把所有病人处置完后才离开红区。此时，她体力不支，几近虚脱。有人担心她这样太危险，她却说："我多在红区一分钟，病人和战友就多一分踏实。"

不忘初心，践行使命。转战火神山医院后，赵孝英被任命为感染一科一病区护士长。面对批量患者，面对组织信任，她丝毫不敢懈怠，率先垂范，拼尽全力。她被层层厚重的防护服包裹浸湿的口罩影响头部供血、呼吸，眼眶被护目镜压得生疼生疼的，会觉得头晕、呼吸不畅，甚至非常疲惫。每当此时，她就为自己打气：病人需要我，战友需要我，我决不能倒在战位上！

赵孝英注重运用过硬专业技能帮助患者，善于创新优化治疗方案，不少病人因此病情减轻，最终转危为安。她在病区推行医护一体化查房，与科主任、医生一起查房，根据医生的治疗方案，制订和修正护理方案，对患者进行个性化护理。一名男患者反复焦虑，睡觉都得靠安定，通过个性化护理一段时间后已能安然入眠。一位老人营养不良，医生从治疗上补充蛋白，赵孝英为她制订了调整营养等个性化方案，老人的病情明显好转，心情转佳，老人称康复后也不想出院，有家人般的护士精心照顾，她很安心。

生命至上，病人至上。2月18日晚，准备下班的赵孝英突然掉头奔向病房，有名患者情况很差，她放心不下。患者不仅靠呼吸机辅助通气，而且还有高血压、糖尿病等基础疾病。果然，一小时后，患者血氧饱和度急剧下降。赵孝英和医生张晓华、值班护士立即紧急处理，40分钟后，患者症状缓解。赵孝英仍不敢离开，坚守红区观察。以她的经验，对这类病人不能掉以轻心，病情随时都可能反复。两小时后，患者生命体征再次亮起红灯，赵孝英和医护团队又一次投入抢救。患者抢救成功后，已是凌晨时分。

◆ 2020年1月22日，赵孝英给全院护理骨干培训防护技术

赵孝英在武汉战"疫"的日子里，每天都要在红区、黄区、绿区穿梭，是名副其实的"三栖"护士长。因为她作风顽强踏实，工作敢打能拼，有人称她为"拼命三娘"。在最吃劲的时候，她每天工作12个小时，最长达20多个小时，这是火神山医院一项难以超

越的高强度工作纪录。战友既心疼又钦佩地说:"护士长,你是我们医疗队最辛苦最操心的人。"

由于表现突出,她被陆军军医大学表彰为优秀聘用人员,被重庆市评为10名战疫英雄之一,入选全军一线抗疫群英谱。3月10日,习主席到武汉视察新冠肺炎防控阻击情况时,赵孝英作为战斗在病房医护代表,受到了习主席视频接见。

初心如磐,使命在肩。如今,重返岗位的赵孝英仍不改踏实认真、任劳任怨、爱岗敬业的工作作风,她已将伟大的抗疫精神继续践行到强军目标中。她表示,一日从军,终生为兵。虽已脱下军装,只要祖国需要,她就是一名军人!祖国若有召,她愿再上战场,哪怕是献出生命,也在所不惜。

退役军人事务部思想政治和权益维护司供稿

拼命三娘赵孝英

朱 婷 陈晓霞 王 琼 朱广平

2020年12月18日,《闪亮的名字——2020年度最美退役军人发布仪式》在央视社会与法频道播出,发布了18名"最美退役军人"和2个"最美退役军人"集体的先进事迹。记者获悉,陆军军医大学陆军特色医学中心(大坪医院)胸外科主管护师赵孝英获得2020年度"最美退役军人"荣誉称号。

赵孝英1994年参军入伍,1997年进入大坪医院从事护理工作。二十余年如一日,奋战在临床一线。身为军人,她有召必应,挺进德阳抗震救灾,远赴非洲抗击埃博拉;脱下军装,她退伍不褪色,坚定逆行,驰援武汉,是火神山医院出名的"拼命三娘"。

除了全国"最美退役军人",赵孝英还有2020年"全国先进工作者""全国巾帼建功标兵""重庆市最美护士"等许多荣誉。谈及这些荣誉,她说,"这不是我一个人的,是我们全体队员的荣誉。我很庆幸自己能成为与生命同行的人。我没有辜负军营,没有辜负头上这顶燕尾帽。只要祖国有需要,我就是一名军人,不管有没有军装在身。"

初心不改
把患者当亲人

1994年,赵孝英参军入伍。3年后,她从陆军军医大学护理专业毕业,进入大坪医院工作,成为一名护士。赵孝英说,军装在身时,自己初心已定:把患者当亲人,心里始终想着患者,一切为了患者。

从心血管外科到胸外科,她一直在和"心脏"打交道,所面临的患者病情重、变化快,有很大的不可预测性。每次抢救,赵孝英都冲锋在前,护理细致周到,赢得了患者及家属的肯定。

2008年5月12日,汶川大地震,赵孝英随队抗震救灾。灾区所在医院手术室早已停用,可受伤的群众亟待手术。赵孝英来不及犹豫,带领护士搬器械、搞洗消、备药品。余震不断,她们也无所惧怕,心里只有一个念头:早一分钟完成,就能早抢救一个鲜活的生命。最终,仅用2个小时,就恢复了手术室功能。

2014年11月的一天,刚跨入家门的赵孝英就接到通知,她被选为首批援助利比里亚医疗队队员,准备等待集结。陪伴父母不到3个小时的赵孝英立即返回,和队员们一起前往利比里亚执行抗击埃博拉病毒的任务。

在执行任务时,面对埃博拉疑似患者,她克服了种种恐惧和危险。除了对患者常规护理,她还要穿上13件防护装备,戴3层手套,越过医患1.5米距离的"红线",零距离护理危重症患者。一名重症患者持续呕吐,她一遍又一遍处理呕吐物,一次又一次重新穿刺留

◆ 2014年12月，在利比里亚抗击埃博拉病毒期间，与利方工作人员紧密合作

置针。完成任务，脱掉防护服，汗水早已浸透她的衣服。虽有艰难险阻，她与战友们却创造了成功救治持续高热15天埃博拉重症患儿的奇迹，让利比里亚人民看到中国军人的勇敢与担当。

最美逆行
请战驰援武汉

2016年，在军队改革大背景下，赵孝英脱下军装，转为聘用人员。

"心中有一万个舍不得，可我必须离开。"赵孝英说，她心里明白，人民军队必须有新鲜的血液才能永葆生机，才能保持强大的战斗力。"一朝从军，一生为兵，脱不脱军装，我都是一名护士，一个兵！"

退伍不褪色，初心永不改。赵孝英依旧坚守在自己的岗位上，不仅积极参加科室的各项工作，她还带领团队对护理工作刻苦钻研，仅2018年这一年，团队就拿出4项专利发明：野战急救的荧光输液器、固定管道装置改进、可变色导尿管……这些看似很小的发明，因赵孝英和团队的钻研，让冷冰冰的护理器具有了温度。

2020年春节前夕，赵孝英买好回家的票，准备为父亲庆祝七十大寿。这是几年前她给父亲许下的承诺，也是她心中期盼的一家人团团圆圆的幸福时刻。

然而，看到武汉新冠肺炎疫情的消息后，她以自己多年的职业敏感性判断，这次疫情非同寻常。于是，她主动退掉车票，在医院随时待命。

除夕当天，军队组建医疗队驰援武汉，赵孝英主动请战，和大坪医院34名队员一起出发。

大年初一早上，赵孝英随队进驻武汉金银潭医院。

"拼命三娘"
工作时间创纪录

"金银潭医院院长见到我们的第一句话就是，'解放军来了，我们就有希望了，就有救了！'"赵孝英介绍，当时，大部分队员没有传染病隔离防控经验。为尽快收治病人，作为参加过非洲抗击埃博拉、有烈性传染病工作经验的护士长，她和蒋晓娟护士长一起，一刻不停反复培训队员穿脱隔离服和护理技能要点，确保全体队员人人培训、人人考核、人人过关，为随后的救治工作打下坚实基础。

医院隔离区主要分为3个区域：污染区、半污染区和清洁区，也就是红区、黄区和绿区。刚开始收治病人时，为消除队员恐惧心理，赵孝英第一个进入红区，连续工作6个多小时滴水未进，直到深夜12点，在防护服快要超过警戒时间，她才走出红区。出来时，汗水湿透了衣服，护目镜在脸上留下深深的压疮。"虽然很累，但是我们给队员们探索了经验，树立了信心。"她说。

转战火神山医院后，赵孝英迅速理清程序，对"三区"护士进行分工，每天穿梭在绿区、黄区与红区之间，对病区每一名重点患者情况都非常了解，对每一位护士的工作状态、心理状态也都心中有数。在最艰苦的时候，她每天工作12个小时，最长达20多个小时，创下火神山医院高强度工作纪录。因此，队员们也称她为"拼命三娘"。

在火神山医院医疗救治中，赵孝英和团队将精准收治、精准救治、精准防护、精准保障贯穿始终，成功救治348名患者，无一例患者死亡，无一例医务人员感染。

《重庆晚报》2020年12月21日

最美退役军人

董博俊

ZUIMEI TUIYI JUNREN

董博俊：铁齿辩公理铁肩担道义

杨董翔

2020年12月18日，中央电视台举行2020年度全国最美退役军人发布仪式，退役军人，青海立詹律师事务所党支部书记、主任董博俊被中共中央宣传部、国家退役军人事务部、中央军委政治部授予"全国最美退役军人"称号。

有人说，每一名退役军人都是一座移动的灯塔，责任立身、担当立行；照亮自身、光耀社会。

董博俊就是这样一座带给无数需要帮助的人们光明和温暖的明亮灯塔。他退伍不褪色，保持和发扬着人民军队的光荣传统和优良作风，始终躬身践行一名共产党员和革命军人的初心使命，在全面建成小康社会的伟大进程中，为建设富裕文明和谐美丽新青海继续勇于担当、奉献才智。

董博俊

不忘初心

董博俊，汉族，1960年9月出生，中共党员，现任青海律师协会常务理事、青海省律师协会刑事辩护专业委员会主任、西宁市律师行业党委副书记、西宁市律师协会会长、青海立詹律师事务所党支部书记、主任；他先后被聘为西宁市人大常委会立法专家组成员、青海民族大学法学院研究生实务导师、青海省党校特约讲师、西宁市仲裁委仲裁员。

董博俊的父亲是一名法官，受父亲的影响，他立志从事法律工作。1978年，董博俊从甘肃省武威市古浪县应征入伍，1992年参加考试取得律师资格，1997年在原兰州军区空军法律顾问处注册，2000年退役后毅然选择了律师职业，成为一名从军营走出来的律师。

朔方烽火照甘泉，长安飞将出祁连。即便身处和平年代，"烽火"早熄，但"飞将"壮心仍浩荡激越。22年的军旅生涯让董博俊磨炼了坚毅的性格，养成了良好的品质：吃苦耐劳、勤奋敬业、服从组织、坚守规矩。这些品质在工作和生活中，都给了他莫大的帮助。董博俊在部队注册后主要开展与部队普法教育、法治宣传以及涉军刑事案件辩护等工作。成为执业律师后，他的从业领域随之扩大，不仅从事刑事辩护，还参与民事代理，无论接受哪种类型的案件，他都全身心投入其中，从案件溯源、寻访线索到会见当事人、准备庭辩等，不放过任何一个线索，不疏漏任何一个细节，力求做到认真细致、严谨缜密。

在执业过程中，董博俊严格遵守《律师法》《律师执业行为规范》《律师执业证管理办法》等，严格坚持以事实为依据、以法律为准绳的原则，从业清廉、公正，服务热情、认真，依法履行律师职责，2000年至2019年，平均每年受理各类案件近百件，从未发生当事人不满和投诉的情况，无违法违纪行为，所有接触过他、熟悉他的人都称赞他是一个十分敬业的好律师。

由于董博俊律师办案敬业负责，委托他办案的人越来越多。2007年至2019年，他的办案数量在全省律师名列前茅。多年来，为了不辜负当事人的信任和依托，让法律体现出应有的公平正义，他总是早出晚归、废寝忘食，由于长期超负荷工作，2007年10月，曾在军营大熔炉里经受过艰苦训练、身体素质尚佳的董博俊第一次被繁重的工作累病了，即使这样，在一个月的住院时间里，他也没有停止工作。2018年9月的一天，董博俊正在庭审辩护，由于长时间连续加班加点的工作导致他的胆囊炎发作，晕倒在庭审现场，被紧急送往医院。做完手术醒来后的第一眼，董博俊发现病房被慰问花篮围绕着，他被众多当事人给予的关心深深感动着。而在他心中，依然惦记着给予他无限信任的当事人、牵挂着手头未完成的工作，忍着病痛折磨的他依旧伏在病床上会见当事人、为当事人提供法律意见建议。他的敬业精神深深打动了同病室的室友，他们感慨地说："像你这样认真负责的党员现在可是不多见了，老百姓打官司能遇到你真是有福气啊！"近两年，因工作繁忙、事务繁多，董博俊多次因病住院，但是为了不耽误工作，他每次都拖着病体在病床上为当事人服务，真正体现了一名共产党员的责任担当、一名律师的敬业精神。

董博俊

回报军营

作为从军营走出来的律师,董博俊始终没有忘记部队的教育培养之恩。在退役后的20年里,但凡涉及部队、军人法律事务,他都会提供免费法律咨询、法律培训。如今,他担任主任的立詹律师事务所就有5名律师来自军营。在董博俊心中,自己和他们就是"意气相期与共,一片丹心同报"的同袍战友,曾经流过一样的血汗,也曾同样有着男儿为国立戎志、风雪天山过雄兵的壮志豪情,所以,脱下了军装,他们依然是最亲近的人。同时,立詹律所构建了党员律师"工作在律所,奉献在基层"的新型服务机制,经常深入机关、部队、社区、农村、学校、企业等开展法律宣传教育及法律咨询服务活动,为基层群众提供面对面的法律服务,不仅让广大干部群众切实体会到法治获得感、安全感,也用实际行动汇报了绿色军营的培养与淬炼。

2019年7月31日,八一建军节前夕,全国首家复转军人法律服务站、复转军人法律援助站——西宁市退役军人法律服务工作站、法律援助工作站在西宁市立詹律师事务所正式挂牌。工作站通过为退役军人提供免费法律咨询,协助符合条件的退役军人办理法律援助申请;开展法治宣传教育、法律知识讲座等活动,最大限度满足退役军人的法律服务需求,进一步强化西宁退役军人服务保障体系,维护退役军人和其他优抚对象合法权益。

揭牌仪式上,董博俊代表西宁市退役军人律师群体表示,他们从军营走出来,脱下军装穿上律师袍,虽然衣饰着装和工作性质有了新变化,但深刻在退役军人律师骨血中的那份坚守法律公平正义的决心却永远不会改变。今后他们将继续发挥被绿色军营淬炼出的优良作风，高标准、严要求，认真细致对待执业过程，继续为中国特色社会主义法治建设努力贡献。

传承使命

2018年10月，青海立詹律师事务所党支部成立。作为基层党组织，青海立詹律师事务所自成立之初就把"党建立所，质量取胜"作为建所理念，传承红色基因、夯实战斗堡垒，怀揣军人情结、彰显法律情怀。律所紧密结合实际，紧紧围绕把党员组织起来，把党的工作开展起来的工作原则，探索推行"三四三四"党建工作法，建立了一核引领、两化驱动、两抓共促的"一核两化两抓"工作模式，设立党务办公室，聘请专职党务人员。按照有场所、有设施、有标志、有党旗、有书报、有制度的"六有"标准，加强党建阵地建设，营造良好党建氛围，促进律所品牌形象的有效提升；通过创新党组织活动的内容和载体，积极组织或参加各项活动，增强了党组织的吸引力和影响力。对受理的重大、敏感、突发性案件，实行党支部牵头领办、党员律师具体承办的"双办"制，由党支部书记牵头召集党员进行研讨会商、分析预判、评估影响，确保承办案件依法辩护、依法代理，受理的重大案件保持"零投诉"。同时将党建与律所管理、重点业务、律师培养等结合起来，把政治建设放在首位、党建工作贯穿始终，引领律所各项工作健康可持续发展。立詹律师事务所的党建工作在全省基层党建观摩中受到一致好评，青海党建、西宁党建、中国组织人事报先后刊发了立詹律师事务所开展党建工作的经验做法，先后被青海省委"两新工委"、青海省司法厅党组、西宁市委、市委"两新工委"评为先进基层党组织、五星基层党组织、爱心党组织。在中国共产党成立100周年之际，董博俊作为青海省"两优一先"代表到北京参加了建党100周年系列庆典活动，并被中共中央授予了"全国优秀党务工作者"光荣称号。

永葆本色

一日为军人，终生为军人，退役不褪色、永葆军人魂。

董博俊是有着30多年党龄的老党员，政治素质过硬。作为一名有近30年执业生涯的专业律师，他深深地懂得，不仅要通过良好的业务素质得到当事人和社会的认可，更要以良好的政治素养得到党和政府的认可。

◆ 董博俊（右二）积极参与党小组学习

退伍多年，董博俊始终坚持以一名共产党员的标准严格要求自己，不仅爱岗敬业，还十分重视社会责任担当。2007年以来，他曾先后担任西宁市委市政府、海东市委市政府、城北区委区政府等60余家企事业单位及政府部门的法律顾问，为青海省经济发展和社会稳定作出了一个法律工作者应有的贡献。他曾多次被评为省市优秀党员律师。2016年11月和2021年8月，连续两届作为西宁市律师行业唯一代表参加了中国共产党西宁市第十四次代表大会和第十五次全国代表大会。身为西宁市律师行业的带头人，他把律师职业当作自己毕生热爱的一项事业去努力拼搏，努力为推进社会主义民主与法治建设服务。

奉献社会

青海立詹律师事务所自成立之初就以担当政治责任，服务中心大局为己任，积极担任西宁市委市政府、海东市委市政府、城北区委区政府法律顾问、省生态环境律师服务团成员，2020年陆续开展各类义务法治宣传讲座、顾问单位专题培训等40余场，为促进全省经济社会发展、推动依法治省当好参谋发挥了积极作用；同时认真做好企事业单位法律服务工作，为社会提供多样化的法律服务。作为青海广播电视台经济生活频道"百姓1时间"栏目签约律所，充分发挥专业特长，月均接受媒体、群众的法律咨询40余次，展现了强烈的社会责任感。

董博俊总是说："家庭是国家的细胞，家庭不稳定就会成为社会不稳定的因素之一。刑事案件得不到公正的审理，就会为社会埋下隐患，我的愿望和其他司法工作者一样，就是努力让人民群众在每一个司法案件中感受到公平正义！"而在他的内心，他也更愿意去帮助社会上的困难群体。他认为，困难群体因经济原因或维权意识薄弱，往往在诉讼中处于相对不利的地位，身为共产党员、退役军人的他，理应运用自己的法律知识帮助他们去伸张正义，维护这些群体的合法权益。2007年，董博俊代理了一起农民工讨薪援助案，当时有7名外省来青海打工的农民工在临近过年时要不到劳务费。董博俊为他们提供法律援助，与发包方多次沟通，最后通过法院协调，赶在春节前将近12万元劳务费交到了农民工手中，他辛勤的工作温暖了农民工的心田，让他们真正感受到了一份春天般的温暖关怀。

还望故乡，郁何垒垒！高山有崖，林木有枝。董博俊从业多年，一直与人友善，乐于助人，关注弱势群体，热心公益事业。他说，我们要做一个好律师，首先要做一个有品德的好人。他积极参与法律援助工作的同时，多次深入街道、社区、军营、学校、厂矿企业免费开展法治宣讲；他还组织律所进行扶贫帮困活动，积极捐款捐物、捐资助学。在2020年年初那场突如其来的新冠肺炎疫情防控阻击战中，他再一次带头捐款……他的大爱善举受到了慈善协会、教育行业等多个部门的好评。

对党忠诚、爱岗敬业、担当尽责、甘于奉献。如今，董博俊依然把军人的坚毅品格、优良作风和奉献社会、感恩党和国家的赤诚之心融于一身，在人生的"第二战场"上，依旧保持和发扬着军人的优良传统和作风，奋斗在青海法治建设一线。

退役军人事务部思想政治和权益维护司供稿

信仰之光照亮前行路

于瑞荣

20 年的军旅生涯,铸就了对党的绝对忠诚;20 年的律师之路,镌刻着对法律的无上尊崇。

2021 年 6 月 28 日,全国"两优一先"表彰大会在北京人民大会堂隆重举行,董博俊被授予"全国优秀党务工作者"称号。这位从军营走出的律师,是如何践行初心,建功立业,以党建促进律师事业发展的?让我们走近他、倾听他——

心中种下红色种子

见到董博俊,是在一个周末的下午。刚在某部队讲完党课的董博俊回到办公室,就有约见的当事人前来咨询案件。开始采访,已是暮色四合,华灯初上。

被多家单位邀请讲党课、参加全省司法系统举办的事迹报告会、庭审现场代理、辩护……从北京回来后,董博俊便马不停蹄地投入紧张工作中，每天的日程被安排得满满当当，采访因此一再改期。

这位有着39年党龄，不停忙碌却精神饱满的律师，不仅是行业内的"明星"、退役军人队伍里的"明星"，更是律师事务所党建带头人。

"不好意思，最近太忙，让采访一再推后。"见到记者，董博俊谦和地说。眼前这位神采奕奕、身姿挺拔的"明星"律师，尽管脸色有些憔悴，但精神矍铄，很难看出已有60多岁。

"作为一名基层党务工作者，能够进京参加中国共产党建党100周年系列庆典和英模表彰活动，精神上受到了极大的鼓舞，深感荣耀和自豪。特别是在聆听了习近平总书记在'七一勋章'颁授仪式上的讲话，深受教育、备受鼓舞。"对于这次北京之行，董博俊用一个词形容，那就是震撼。

从北京回来已经半月有余，可董博俊内心依然充满激动和自豪："在建党百年之际获得这一份沉甸甸的荣誉，既是我个人的最高荣誉，也是属于青海律师行业全体党务工作者的荣誉。必将激励我们进一步坚定信念、践行宗旨、拼搏奉献，做让党放心、让人民满意的律师。"

在董博俊看来，身为一名共产党员，精神追求和理想信念，就是源源不断的工作动力。而这粒红色种子自小便在他的心中种下了。

董博俊的父亲是一名法官，良好的家庭教育在他心里种下了"为国家和人民服务"的种子。

"二七工仇血史留，吴萧贻臭万千秋，律师应仗人间义，身殉名存烈士俦。"这是董博俊从小就听父亲讲的二七铁路大罢工领导者、近代工人运动领袖、"劳工律师"施洋的故事，也是从那时起，匡扶正义、不畏强权的律师形象在董博俊心中闪闪发光，他的律师梦由此深植心中。

1978年，董博俊从甘肃省武威市古浪县应征入伍，1992年参加考试取得律师资格，1997年在原兰州军区空军法律顾问处注册，2000年退役后自主择业，毅然选择从事律师职业，成为一名职业律师。如今61岁的他依然奋斗在法治建设一线，担负西宁市律师协会的事务工作和青海立詹律师事务所的主要工作。

军旅生涯和党的培养，锻造出他对党忠诚、服务人民的政治品格。在董博俊眼里，每一个案件都是公平和正义的载体，都关系着人民群众的切身利益。不论案件类型和大小，他都不敢有丝毫懈怠，他从业清廉、公正，服务热情、周到。从未发生当事人不满和投诉的情况，成为律师行业中的优秀党员代表。

牛劲十足铁嘴律师

从"青海省3·15十佳贡献奖获得者"，到"青海省优秀律师""青海省优秀退役军人"，再到"全国最美退役军人""全国优秀党务工作者"……在董博俊办公室一角的书架上，摆满了大大小小几十本荣誉证书和各类奖章、奖杯。

"走出部队，我已不再是一名军人，但军人退伍不褪色，共产党员的红色本质永远不会变。"这是董博俊常说的一句话。董博俊深知党建工作的重要性，青海立詹律师事务所成立后，他就向上级党组织申请，着手律所党组织的设立工作。

2018年8月，青海立詹律师事务所党支部批准成立，董博俊就担起了党支部书记的责任。律所秉持"党建立所，质量取胜"理念，坚持以党支部建设引领带动律所发展。多年来，他把"坚定政治信仰、同心铸就辉煌"作为律所党建核心理念，把"忠诚于党、服务于民"作为党建中心思想，在加强党支部建设中传承红色基因、夯实战斗堡垒。

在他的带领下，律所党支部一班人经过认真探索，打造出了"三四三四"党建工作法，以党建促所建，使律所的各项工作再上了新台阶，党建工作也得到了省、市、区各级党委和"两新工委"的充分肯定。律所党支部被评为青海省司法行业的优秀党支部和省、市"两新"组织的基层党建工作示范点。

在部队期间的政工经历使他对党建工作有一份深深的执着。让董博俊欣慰的是，如今在党建立所的引领下，律所党建工作能够更好地指导业务工作，业务工作为党支部建设提供了坚实保障，党支部的战斗堡垒和党员律师的先锋模范作用得到充分发挥。

董博俊始终没有忘记党和部队的教育培养之恩。在退役后的20年里，但凡涉及部队、军人的法律事务，他都会免费提供法律咨询、法律培训。在他的坚持和努力下，西宁市退役军人法律服务工作站、法律援助工作站在立詹律师事务所挂牌成立。第一年他就为上百名退役军人免费提供法律咨询，并协助符合条件的退役军人办理法律援助申请，依法维护了退役军人的合法权益。

身为青海省律师协会刑事辩护专业委员会主任的他，凭着信念理想和对法律的忠诚，被业内同行称为"牛劲十足的铁嘴律师。"

老骥伏枥守护正义

在当事人眼中，他是百姓的"贴心人"，在法官眼中，他是调

◆ 董博俊在办公室审看案件材料

解处理案件的"好帮手",仲裁委员会把他称为"调解能手"。

熟悉董博俊的人都知道,他在受理案件之前,首先要做的一件事就是充分了解案情,然后尽力做好受理前的劝导、调解工作,使一些普通的民事纠纷通过劝导和调解平息纷争,止于诉前。即使是一些已经进入诉讼程序的案件,也要做好庭前调解工作,尽量化解各种矛盾。无论是其主办的仲裁案件,还是代理的民事案件,每年都有几十件案件得到调解处理。既化解了许多百姓之间的矛盾,也为构建和谐社会作出了积极的贡献。

在他内心,他更愿意去帮助社会上的困难群体。困难群体因经济原因或维权意识薄弱,往往在诉讼中处于相对不利的地位。2007年他代理了一起农民工讨薪援助案,当时有7名外省来青海打工的农民工在临近过年时要不到劳务费。董博俊为他们提供法律帮助,与发包方多次沟通,最后通过法院协调,赶在春节前将12万元劳务费交到了农民工手中。

这样的案例在董博俊的职业生涯中还有很多。在他看来，身为共产党员，理应运用自己的法律知识伸张正义，维护困难群众的合法权益。从业以来，他热心公益事业，关注困难群体，多次深入街道、社区、学校、厂矿企业开展"法律助力前行"的支部"一帮一"活动。他积极健全完善律所党支部"工作在律所，奉献在基层"的新型服务机制，为基层群众提供"面对面、一对一"的免费法律援助。

"要把律师工作作为一项事业去努力，而不能把其作为谋生的手段去做事。"这是董博俊对自己和所里律师的基本要求。他深深懂得作为一名执业律师，不仅要通过良好的业务素质得到当事人和社会的认可，还要以良好的政治素养得到党和政府的认可。

如今，已 61 岁的董博俊，依然把军人的坚毅品格、优良作风同奉献社会、感恩党和国家的赤诚之心融于一身，在人生的"第二战场"上，坚守着属于自己的信仰，用自己的实际行动去帮助更多的人，维护公平正义、助力社会稳定。

《青海日报》2021 年 7 月 24 日

最美退役军人

靳玉国

ZUIMEI TUIYI JUNREN

靳玉国:"兵"心一片付厚土

十月,收获季。

静宁县陇原红果品经销有限责任公司进入最忙碌的时节,公司院内车辆来往穿梭出入不断,分拣包装车间熟练工人手脚麻利各司其职,生产线开足马力,气调库有序吞吐,各部门高效运转,保证一箱箱优质的静宁苹果顺利进入国内外市场。

公司董事长靳玉国作为掌舵人,总能适时出现在最需要他的地方。在这位曾被部队生活锤炼过的西北汉子身上,至今仍保留着军人朴实纯粹、苦干实干的优秀品质,30多年来,初心始终不变,尽显"永葆军人奋斗本色,常怀报国为民之心"的家国情怀。

时间拨回到20世纪80年代——

1980年,18岁的靳玉国抱着"是男人就要参军报国"的信念来到了部队。

这个从小接受红色革命教育,把岳飞、文天祥等民族英雄当作人生偶像的热血青年,为了实现自己的"将军梦",可以在零下20多摄氏度的天气里站军姿几小时不走样,连续36小时修筑工事,"手都磨成了铁板板"也不叫一声苦。严格艰苦的训练锻造了靳玉国吃苦耐劳的品质，也让他迅速成长为一名优秀的战士，入伍第二年就当上了副班长，第三年当班长，第四年升任排长，还光荣入党。

然而，1985年的百万大裁军，打破了靳玉国的"将军梦"，但5年的军旅生涯却造就了他不折不挠、敢闯敢干的顽强作风，也确立了他终生为之奋斗的人生观和价值观：人生在世，应活出价值，而价值的体现就在于你能为多少人服务，能为社会作出多大贡献。

退役军人靳玉国，将会开启怎样的人生之路呢？

扎根基层　脱贫致富带头人

1986年，静宁县城川镇靳寺村村委会改选，从部队回到家乡的靳玉国被推选为靳寺村党支部书记，成为当时全县最年轻的村支书。

彼时，改革的春风已经吹拂祖国大地，但乡亲们的生活却仍旧贫困。

"一定要让大家换一种活法！"靳玉国决定先解决村集体缺钱的问题，他把村上的林场以每年1.3万元的价格承包了出去，再拿着这些承包费，组织了工程队、办起了地毯厂，又建了木材经销站和粉条加工作坊，红红火火的村办企业一下子让靳寺村"活"了起来，极大地凝聚和提振了村里的士气。

下一步，要解决群众脱贫的问题。恰逢静宁县推广种植红富士苹果树，靳玉国寻思，自家院里种的几棵国光苹果树都能卖钱，品相更好的红富士肯定更挣钱，于是，他便把家里5亩地都种上了苹果。

靳玉国深信不疑，乡亲们却不买账，"苹果能当粮吃吗？""种下了给谁卖去？""不会种，不种！"种种议论甚嚣尘上，部队赋予靳玉国坚韧果敢的性格被激发,"干部带头,队长家最少一亩,每队最少50亩,逐年增加……"下了硬任务,靳玉国又挨家挨户苦口婆心去劝,一点一点做工作,让乡亲们逐渐接受新事物。

村民靳生财是个倔人,怎么劝都不听,靳玉国便带着人去帮他种,可他们种完树前脚刚走,靳生财后脚就挖,其他人也效仿,挖树的事比比皆是。但靳玉国认定的事情就一定要做,一连挖了3年,又种了3年,终于感动了靳生财,种上了苹果树。如今,早已靠着种苹果脱贫致富过上好日子的靳生财说起往事,嘿嘿直笑。

静宁县十年九旱,县上每年都会放水冬灌,保来年的小麦成活率,但由于水资源有限,经常会出现抢水的现象。为了让本村群众的冬小麦能顺利灌上水,靳玉国披着一件黄大衣,在河沟里守了两天两夜,但由于管理员计算失误,本来计划灌4小时的水量2小时就没了,没灌上水的群众急了,围了靳玉国,把他当成了出气筒。

"被几百人围攻,骂了半个多小时的场景,如今仍历历在目。"送走了群众的靳玉国靠在镇政府的外墙上落了泪。男儿有泪不轻弹,只是未到伤心处,靳玉国躺在自家炕上,想到自己一心为群众却被误会的事情,委屈极了,直想撂挑子,但回到村上所经的一件件一桩桩又都浮现在眼前,他一下想通了,怎么能因为一个拦路虎就放弃了自己的梦想,放弃了自己一直坚守的价值体系?

说起这件事,靳玉国至今仍会哽咽落泪,但他认为很有意义,这是一次思想上的历练,而他也经受住了考验,"实现自身价值最大化,为更多人服务"的信念更加坚定。

在靳玉国的努力下,靳寺村群众居住条件、生产生活条件得到极大改善,20世纪90年代初,基本解决了贫困问题。村集体收入增加到4万元，全村果树栽植面积超过2000亩，靳寺村从一个"空壳村"变成了"全市十面红旗村"，靳玉国也被评为甘肃省首届"十大杰出青年农民"。

敢为人先　不等不靠蹚新路

在静宁县委县政府的大力推广下，1993年，全县果树种植面积达到5万亩，起初栽植的果树开始挂果，但本县销售市场饱和，外地市场尚未打开，苹果销售成了难题。特别是当年在靳玉国的鼓励下种了苹果的乡亲们，都眼巴巴地问他：当初你说得好，现在给谁卖去呢？

为了"给大家一个交代"，靳玉国自掏腰包去了陕西礼泉学习，看人家是怎么种、怎么卖、怎么储存苹果的。回来之后，他建起了静宁县第一孔"自然通风库+塑料袋"模式的果窖，直到现在，这仍是果农储存苹果的主要方式。

有了果窖，靳玉国开始大量收购苹果，

◆ 靳玉国赴广州卜蜂莲花超市考察推介静宁苹果

随着业务量的增大，他便想成立一家专门的果品经销公司。万事开头难，办公室是砍了自家的白杨树亲手建的，果窖是贷款修的，流动资金也全靠贷款，艰苦条件下，公司终于挂牌成立，当年就获利2万元。

"看到苹果能一车一车地卖出去，很大程度提振了群众种果树的信心。"靳玉国说，信心比黄金更重要，看到群众不再为卖苹果发愁，也更加坚定了他要走果品经销这条路子的决心。1995年，靳玉国应邀参加了在重庆举办的全国果菜副食品交易大会，第一次把静宁苹果推向了全国果品经销市场。

1997年，县上决定组建静宁县果品经销总公司，靳玉国成为总经理的最佳人选。当时，靳玉国已经被破格提拔为城川乡党委副书记，但怀揣着"为更多人谋利益"的理想，他主动放弃公职，欣然接受了总经理的委任，大刀阔斧在全县建起了储藏量300万斤的果库3处23孔，开创了静宁县果品经销的产业化、商品化模式，打开了静宁果品走向全国市场的通道，带动全县修建果窖1000多处，迅速打响了静宁苹果的知名度。

随着静宁果产业的发展壮大，靳玉国也开始了战略布局，创办了包装材料公司，兴建了千亩果林科技示范基地，注册静宁县首个果品类商标"陇原红"，正式成立了静宁县陇原红果品经销有限责任公司，并在2003年率先建成5000吨果品气调库，带领静宁的果品储存迈上了新台阶。

陈文余是"陇原红"的老客户，也是第一个把静宁苹果卖到贵阳市场的客商。自从靳玉国建了气调库，双方就开始合作，储存、包装、发货，都在"陇原红"完成。

"我每年来收苹果,靳总都要亲自来接,今年9月过来到现在还没回家,他就经常喊我一起吃饭,中秋的时候还送了烧鸡月饼。"在陈文余眼里,靳玉国这个资产上亿元,却朴素低调的老哥完全值得信任。"有时候装车发货我来不了现场,打一个电话,就办得妥妥当当,甚至资金周转不了的时候,也会鼎力帮助,几十万元不多说就打到我的账上,只要他答应的事情,一定会办到,这就是最好的信誉!"

勇闯市场　百折不回谋发展

"陇原红"用了近10年时间完成气调库的建设,在静宁八里、城川、仁大等乡镇共布设了66间冷库,总储存量达到5万吨。同时大力拓展销售市场,先后组建了内贸、外贸两个专业营销团队,在北京成立了供应链公司,在上海成立了"陇原红"上海分公司,在西安成立了电商公司,逐步实现了订单与自营相结合,实体店与电商相配合的全覆盖销售网络。

带着"陇原红"商标的静宁苹果远销国内30个大中城市和俄罗斯、印度、泰国等16个国家和地区,公司总资产达到了1.5亿元,取得了显著的经济和社会效益。

数据背后,是靳玉国和"陇原红"无数次的尝试与摸索,渗透着汗水与心血,浓缩着静宁苹果产业发展的坚定步伐。

2007年,靳玉国偶然得知泰国排名前三的果品经销商在西安,立即让外贸经理带着"陇原红"苹果前去接洽,良好的品质给客商留下了深刻印象。第二年,双方开始正式合作,促成了"陇原红"

◆ 2019年11月3日，靳玉国（右二）陪同俄罗斯官员、检疫专家现场实地核查静宁苹果质量状况

第一单48万吨的自主出口，靳玉国也连续几年亲自前往印度拜访客户，出货量逐年稳步提升。

然而，商场如战场，看似平稳的各项交易背后常常危机四伏，在印度，靳玉国就遭遇了外贸出口最大的一次损失。在给一个客户发了价值200多万元的苹果后，迟迟收不到货款，靳玉国两次前往印度催款，找中间人，找律师，诉诸法律，费尽周折，克服了语言不通、条件艰苦、司法保护等重重困难，也只追回了几十万元，尽管最后出口信用保险赔偿了一部分，仍旧亏损严重。

当时公司一年的纯利润不过两三百万元，一个单子就损失了这么多，同事们都很沮丧。在复盘总结时，靳玉国给大家打气，"不能因噎废食，因为吃了一次亏就不敢做外贸了，吃一堑长一智，以后做好风险防控，继续开拓市场。"

公司综合管理部经理何鹏虎至今仍记得当时靳玉国脸上坚毅果敢的表情，"这件事情，把靳总身上那种能打硬仗、坚韧不拔的品质体现得淋漓尽致，到现在他还有军人的这种务实敬业的气质和品格，为了心中的梦想，不管付出多少努力都心甘情愿"。

这次事件之后，公司的士气不落反升，外贸出口量大幅增加，在拿下东南亚市场后，2009年"陇原红"相继出口欧盟、南美，创下了静宁苹果的一个又一个第一。如今，"陇原红"年出口果品产值超9000万元，占到公司总产值的50%，静宁苹果的国际市场越来越广阔。

在国内，除了进驻沃尔玛、卜蜂莲花等大型商超，"陇原红"还布设了多个直营店，2019年又抓住电商转型的当口，在继续做好天猫、京东等平台销售的同时，靳玉国亲自前往西安组建了专业电商团队，建立了中转仓，招聘了主播，发展了社群电商业务，为客户提供更精细化的服务。

不忘初心　坚定信念创品牌

2015年，印度客商苏地来"陇原红"考察，当时公司的果品分拣主要靠人工，仅有的一台选果机只能称重量，苏地提出希望公司上一条可以分拣出苹果的重量、颜色、糖度等多个指标的全自动选果设备，并且承诺如果上了新设备，就增加出口份额。

要上新设备，就意味着要扩建厂房，总共需要600多万元，相当于公司两年的利润。上还是不上？靳玉国站在拓展市场和公司战略发展的角度，经过慎重考虑，决定投资建设一条法国进口的光电分选设备。

"现在回过头看，当年作了一个非常正确的决定。"何鹏虎说，2019年苹果发生"黑心病"，很多企业都不敢加工，但"陇原红"照常生产，因为选果机可以自动检测出来。"客户的标准高，生产的档次就要提升，这其实促进了生产标准化、品牌化的发展，对公司的管理也是一个提升。"

实现静宁苹果品牌化，是靳玉国一直以来的梦想。要实现品牌化，就必须先实现标准化。2018年，"陇原红"在雷大镇投资建设了1600多亩的有机苹果生产基地，要从生产端把控苹果的品质。"用有机肥代替化肥，用有机的方式治菌治虫，为了做到这一点，我可以不惜代价。"靳玉国异常坚定，他已经在基地建设了一座有机肥厂，也接洽了北京的一家技术公司，立志要生产出既好吃又绿色的苹果。

"至少每3天我就要去一趟基地，看着山上一棵棵幼苗，心里就美滋滋的。我爱苹果树，爱这片土地，爱这份事业。"靳玉国的声音很真诚，为了静宁苹果产业发展，为了实实在在做这份事业，他不在意能赚多少钱，也不在意要吃多少苦，穿着200元的皮鞋也觉得高兴，吃着公司食堂的大灶饭也觉得香甜。

2016年，靳玉国探索创办了静宁县首家果品专业合作联社，建起了"龙头企业+联合社+合作社+基地+贫困户"的利益联结机制。陇原红公司与全县3万多果农签订了长期稳固的购销合同，订单面积达到9万亩，户均果品年收入1.5万元，采用订单农业、入股分红、提供就业岗位、土地流转等形式带动400多户贫困户脱贫致富。

退役不褪色，建功新时代。靳玉国先后出资180多万元，用于扶贫助困、支持村级道路建设和改善乡村办学条件等社会公益事业。

疫情期间，向静宁县红十字会、抗疫一线捐赠款物23.6万元，向甘肃省退役军人关爱基金会率先捐款10万元，充分体现了一名退役军人的使命与担当。

2018年，中国果品流通协会估值"陇原红"品牌价值1.87亿元，陇原红公司先后荣获国家扶贫龙头企业、全国果业百强品牌企业、中国质量诚信企业等称号，靳玉国个人也被评为全国青年星火带头人标兵、陇原最美退役军人等。面对荣誉，靳玉国的态度始终如一，"拿奖对我个人影响不大，但能宣传静宁苹果，我想让更多果农卖果不难，让静宁苹果更香更甜。"

退役军人事务部思想政治和权益维护司供稿

筑梦黄土地　铺就致富路

顾丽娟　刘　成

靳玉国是个普通人，人生大部分时间在与黄土地打交道；靳玉国做的事又不普通，他因此赢得了不少的荣誉。

"全国青年星火带头人标兵"、甘肃省首届"十大杰出青年农民"、"平凉市优秀民营企业家"、"陇原最美退役军人"、2020年度全国"最美退役军人"……说起这些荣誉与成绩，年近六旬的靳玉国自豪又平静：是从军的经历带给了自己这一切。

18岁入伍，24岁退役回家，靳玉国成为静宁县当时最年轻的村支书。自此，他开始带领乡亲们踏上了创业致富路。从动员村民种苹果树到发展果园，从成立果品公司再到开拓静宁苹果大市场，他退役后的岁月都与苹果结了缘。

30多年来，靳玉国始终践行着"永葆军人奋斗本色，常怀报国为民之心"的家国情怀，保持军人本色和担当，从村里到乡里、从乡里到县里，带领当地群众发展苹果产业脱贫致富，创造多项佳绩，获得许多奖励，是当地干部群众心目中的"能人"和"贴心人"。

入伍磨砺
铸就军人本色和担当

2020年12月18日,一个好消息传遍了静宁城乡:退役军人靳玉国被授予2020年度全国"最美退役军人"荣誉称号。他是甘肃唯一获此殊荣的退役军人。

虽然军营生活已经远去了,但在部队的经历和磨砺,一幕幕依旧清晰地印在靳玉国的脑海中。

1962年,靳玉国出生于静宁县城川镇靳寺村的一个生活困难的家庭,父亲早逝,爷爷奶奶把他抚养长大。

"爷爷是村里的老支书,经常会给我讲英雄故事。我又喜欢看书,看的听的英雄故事多了,心中就生出一个'将军梦'。"

成长于困难年代,从小接受红色革命教育,靳玉国很向往能到部队建功立业,成为一名"将军"。

1980年10月,高中毕业后,靳玉国参军入伍,来到驻守在贺兰山的解放军某部服役。

"感觉实现了多年来梦寐以求的愿望,当时就暗下决心,一定要好好干,争取留在部队。"从踏进军营的那一刻起,靳玉国就下定决心要干出一番事业。

初到部队的情形,多年后靳玉国依然记忆犹新。他清楚地记得,当军车把新兵运到贺兰山的驻守地时,北风呼啸,雪花飘飘,条件比想象中艰苦得多。

"信念支撑着愿望,虽然很辛苦,但没有灰心。"3个月的训练期，为了干得比其他人好，他在零下 20 多摄氏度的天气里站军姿几小时不走样，修筑工事手磨得毫无知觉也不叫苦，是大家公认的最能吃苦的人。

"一直朝着要比兄弟班、兄弟连做得好的目标前进，觉得再苦再累也没有关系。"靳玉国说。

经过严格艰苦的训练锻造，吃苦耐劳的靳玉国迅速成长为一名优秀的战士。入伍第二年当上副班长，第三年当班长，第四年升任排长，光荣入党。

在他参军后的第四年，传来了驻守部队要裁撤的消息。"当时心里特别难受，觉得还没有实现自己的梦想，也辜负了乡亲们的期望。"

当"将军"的梦想还在，可兵就要当到头了，回去后自己干什么呢？最终，靳玉国接受了要退役的事实，开始为返回家乡做准备。

他说，当时正处于改革开放初期。看到群众都在为新生活努力着，心里想着既然不能继续当兵，就回家带领乡亲们干些事。

"我和战友商量，回老家后要利用部队学到的东西干些事。"为此，靳玉国买了农村种植养殖方面的书籍，在部队空闲营房内种出了蘑菇，被所在部队评为军地两用典型人才。

1985 年，靳玉国依依不舍地告别了为梦想奋斗过 5 年的地方，回到老家静宁当了一名普通农民。

"当兵是为人民服务，当农民照样能为人民服务。"靳玉国这样对自己说。

返乡创业
胸怀梦想不轻言放弃

回到家乡后，靳玉国从头做起，开始了艰难的创业。

他先把自家仅有的5亩水浇地全部种了苹果树，又把储存多年的余粮卖掉，购入了一台磨面机搞起了粮食加工。

"刚开始，大家对我的做法并不认可。可看到我种的苹果树结果了，磨面机一天能挣几十元钱，乡亲们慢慢认可了我。"靳玉国说。

1986年冬，靳寺村党支部改选。大家看他思想新、处事公道，又能吃苦，就推选他担任村支书。年仅24岁的他成了全县最年轻的村支书。

"想要乡亲们富起来，拿什么致富？"当时村里有几十亩林场，他就把林场以每年1.3万元的价格承包出去，再用这些承包费带领群众办起木材经销站、地毯厂和砖瓦厂。

村办企业日渐红火起来，全村300多人实现了在家门口就业领工资，生活条件大大改善。

"1986年县里开始规模化种植苹果，我想自家的5亩苹果都能卖钱，大家一起种肯定也能卖到好价钱。"一番寻思后，靳玉国决定动员村民大面积栽植红富士苹果树，可难题来了。

"不种粮食以后吃啥？"

"苹果卖不出去怎么办？"

……

"那个时候大家都种小麦，根本不愿意种苹果，怕卖不出去，怕吃不上饭。"村民靳伟虎便是见证者。

大家都不愿意种,那就由村社干部先带头种,干出成效来,自然有人追随。靳玉国的一言一行体现出了坚韧、担当的军人作风。"先动员每个村社干部种苹果,然后一户户做工作,讲道理、细算账,鼓励大家种植苹果树。"

当时有一户村民,说什么都不愿意种。靳玉国便带人去帮他种,可大家前脚刚种上树苗子,他后脚就挖,一连挖了3年,种了3年,这户村民终于被感动了,种上了苹果树。

就这样,一队一队规划,一户一户种,到1993年,靳寺村的苹果种植终于初具规模。

但是,靳玉国很快发现随着全县苹果树面积增多,县里的需求市场已经饱和,销售成了难题,当时种了苹果树的村民都跑来质问他。

"虽然我向大家保证苹果肯定能卖出去,但是到底应该怎么做,我心里也没底。"于是,靳玉国去了陕西礼泉,学习当地的种植和储存方法。回来之后,他带领大家修建了23孔果窖,又引进了静宁县当时第一座自然式通风库。

有了果窖,靳玉国开始大量收购苹果。随着业务量的增大,他又成立了一家果品经销公司。自此,果品能及时入库收储冷藏,还能瞅准价格高峰批量出库。他经销的苹果终于走出了静宁,进入了全国市场。

虽然果窖是借钱修的,流动资金全靠贷款,但看着一车车苹果从公司运出去,靳玉国由衷地感到高兴。

成绩来之不易,其中艰辛也只有自己知道。

"当村支书前7年每个月只有30元工资,没有其他收入,挣的钱全投入公司了,最艰难的时候家里连做饭的柴火都没有。"

生活上的困难,难不倒靳玉国,他咬牙坚持着。

还有许多人误解他,他也照样坚持着。

他刚当上村支书时,村里还没种多少果树,大家一直习惯种小麦。每年冬灌时,由于水资源有限,要随时派人守着分水口,这是村里的一件大事情。

有一年,为让村民的小麦都灌上水,靳玉国在河沟边守了两天两夜。但由于计算失误,轮到他们村时突然没水了,没灌上水的群众急了,围住靳玉国,纷纷指责他。

"大家都很生气,把我整整骂了半个多小时,什么难听话都有。"当时的情景依然历历在目。靳玉国当时也觉得很委屈,但他能想通。他觉得既然胸怀梦想,就要敢于担当勇于面对困难。

"人活着,不应该只为自己,还要考虑怎么样为更多的人做事情、谋利益。"靳玉国坚定地说。

迎难而进
苹果产业迈上新台阶

受到靳玉国的影响,全县其他苹果产区纷纷效仿,一孔孔果库拔地而起,储藏量增大,四面八方的客商蜂拥而至。

1995年,靳玉国代表静宁县第一家果品公司应邀前往重庆,参加全国果菜副食品交易大会。对靳玉国来说,这是一次难得的机会,也是个转折点,他开启了把静宁苹果推向全国市场的新征程。

当时，靳寺村90%的农户在他的带领下种植苹果树，还在村办企业务工，村民们走上了脱贫致富路，靳寺村被树为全市十面红旗村。

1996年，靳玉国被县里破格提拔为城川乡党委副书记，兼任靳寺村村支书。1997年，为解决当地果品销售难问题，县里组建了静宁县果品经销总公司，靳玉国成为总经理最佳人选。

◆ 2020年春节前夕，靳玉国组织慰问单位困难职工

"当时成立公司时，没有懂行的人，也没有资金，全靠微不足道的一点贷款。我主动辞去乡党委副书记的职务，挑头经营这家果品经销公司。"当上了总经理，面对困难，靳玉国没有退缩，开始打"硬仗"，放手拼搏。

为了提高果品储藏技术，他自费到陕西考察学习。修建果库资金不够用，便把家产全部抵押贷款。

一点点尝试,一步步前进。几年后,靳玉国建起了储藏量300万斤的果库3处,开创了静宁县果品产业化、商品化模式。

2001年,公司兴建了千亩果林科技示范基地,注册了静宁县第一个果品类商标"陇原红",并成立静宁县陇原红果品经销有限责任公司。

2003年,公司建成5000吨果品恒温库,带动全县兴建果库1000多处,静宁果品储存迈上新台阶。

"一些小公司依照我开创的模式在相互促进中发展了起来。"靳玉国说,正如公司车间墙上的那句标语"让更多果农卖果不难,让静宁苹果更香更甜。"做这一切都是为了把静宁苹果卖得更好,实现利润最大化。

"陇原红"公司成立后,靳玉国用了将近十年时间完成气调库建设,在静宁八里、城川等乡镇建成66间冷库,总储存量达到5万吨。

"为拓展销售市场,先后组建了内贸、外贸两个专业营销团队,成立了电商公司,实现实体店与电商相配合的全覆盖销售网络。"靳玉国说,现在带有"陇原红"商标的静宁苹果远销国内30个大中城市和俄罗斯、印度、泰国等16个国家和地区。

副总经理何鹏虎是公司成立之初来的,他目睹了公司的发展,也见证了靳玉国创业奋斗的历程。

"2007年,他偶然得知泰国排名前三的果品经销商在西安,立即让外贸经理带着'陇原红'苹果去接洽,得到了对方认可。"何鹏虎说,第二年双方正式合作,促成了第一单48万吨"陇原红"的自主出口。同时,靳玉国也连续几年前往印度拜访客户,推销产品协商合作。

商场如战场，风险时常在。何鹏虎记得，有一年，公司给一个客户发了价值200多万元的苹果后，迟迟收不到货款，靳玉国两次前往印度催款，找中间人、找律师，费尽周折，也只追回了几十万元，亏损严重。

"当时公司一年的纯利润不过两三百万元，一个单子就损失了这么多，大家都很沮丧。"但靳玉国给大家打气说，不能因为吃了一次亏就不敢做外贸了，要在做好风险防控的同时，继续开拓市场。何鹏虎说，通过这件事，他感受到了靳玉国身上能打硬仗、坚韧不拔的军人品质。为了梦想，付出多少努力他都心甘情愿。

之后，公司外贸出口量大幅增加。2009年"陇原红"相继出口欧盟、南美，创下静宁苹果又一个第一。"陇原红"苹果不仅进驻沃尔玛、卜蜂莲花等大型商超，还布设了多个直营店。

如今，"陇原红"年出口果品产值超9000万元，占到公司总产值的50%，国际市场越来越广阔。

回馈社会
致富不忘责任和使命

作为一名脱贫致富带头人，靳玉国一直心系家乡，引领带动乡亲们挖"穷根"奔富路；作为一名企业家，他始终牢记责任和使命，不忘回报社会、扶弱济困；作为一名退役军人，他积极参与社会公益活动，奉献力量。

2016年3月，靳玉国创新经营模式，联合广大贫困户、农资农药经营者和技术干部，以"果农+专业合作社+技术部门+公司"

的形式，创办了静宁首家"静宁县陇原红果品专业合作社联合社"，从资金、技术、管理和果品包销等方面提供扶持。"联合社和全县3万多果农签订了长期稳固的购销合同，现在订单面积达到9万亩，带动400多户贫困户脱贫致富。"靳玉国说。

靳伟虎当初就跟随靳玉国种植苹果树，现在依靠自家的6亩苹果园收入多了，他担任社长的靳寺农民合作社也加入了联合社。

"联合社提供苗木和肥料，进行免费技术指导，我们按照要求统一种植，公司统一销售，进行分红。"靳伟虎说，现在大家都靠着种植苹果增收致富，生活条件明显改善，日子越过越好了。

联合社不仅解决了果农的销售难题，还提供就业岗位1200多个，其中退役军人80多个。徐卫红就是其中之一。

徐卫红2006年退伍后四处打工。2019年，偶然看到陇原红公司招人，而且优先招聘退役军人，就应聘到了公司。他负责一个基地的库房、财务工作，每月有基础收入3000元。"靳总对我们很照顾，2020年3月我孩子生病，他帮我解决了经济困难，让我没有了后顾之忧。他一直都以退役不退志的精神要求自己，我也要向他学习。"徐卫红说。

实现静宁苹果品牌化，是靳玉国一直以来的梦想。"2018年，我们在雷大镇投资建设1600多亩的有机苹果生产基地，从生产端把控苹果品质。"

"用有机肥代替化肥，用有机的方式种植，让苹果保持最初的味道，这是我的新目标。"目前，靳玉国已在基地建成一座有机肥厂，还联系北京的一家技术公司提供相关帮助和服务。

在位于雷大镇的有机苹果生产基地，记者看到果农们正在修剪果树；有机肥厂里，成吨的肥料正在发酵。

"我时不时过来，看到基地一棵棵幼苗在茁壮生长，心里特别高兴。"靳玉国说，现在基地各方面条件都已成熟，就等果树挂果。

徐卫红也在这里承包了 80 亩地种植有机苹果。他说，明后年苹果树就会有收益，相信一定会有不错的回报。

退役不褪色，建功新时代。

近年来，靳玉国先后出资 180 多万元，用于扶贫助困、支持村级道路建设和改善乡村办学条件等社会公益事业。

在新冠肺炎疫情防控中，他还向静宁县红十字会、抗疫一线捐赠款物价值 23.6 万元，向甘肃省退役军人关爱基金会捐款 10 万元，体现了一名退役军人的使命担当。

◆ 疫情期间，靳玉国体现了一名退役军人的使命担当，向抗疫一线捐款捐物

"当时他找到局里，说自己作为一名退役军人，想给退役军人事务作点贡献。他先捐了价值 5 万元的物资，之后又组织了 8 人，对

困难退役军人开展常态化捐赠。"静宁县退役军人事务局副局长郭祺说，县退役军人事务部门成立后，靳玉国不仅联系局里帮助困难退役军人，还为县里成立退役军人基金会提供了支持。

"我做得远远不够。我要做的就是不忘初心，在党和政府的领导下，让静宁苹果品质更好，走得更远，为更多的人做事情、谋利益。"

面对荣誉和成绩，靳玉国的本色和担当始终不曾改变。

《甘肃日报》2021年3月17日

最美退役军人

贵州安顺『兵支书』脱贫攻坚代表队

ZUIMEI TUIYI JUNREN

贵州安顺"兵支书"脱贫攻坚代表队：赤胆忠心勇担脱贫重任 "第二战场"再立时代新功

周雅萌

"离开部队30多年，变的只是'战场'，不变的是肩上的使命和担当。"

"我将不忘初心，继续发挥退役军人村干部的示范带头作用，以苦干实干的作风，带领平元村乡亲过上更加幸福美好的生活！"

……

在2020年9月召开的全国退役军人村干部决战脱贫攻坚和推进乡村振兴现场交流会上，来自安顺数名"兵支书"的铿锵誓言响彻会场。

不忘"兵之初"，建功"兵支书"。

为确保高质量打好脱贫攻坚收官战，自2018年起，安顺市先后选拔数百名优秀退役军人担任村支书、村主任和村"两委"成员，成为脱贫攻坚、发展产业，农村基层党组织带头人、脱贫致富引路人。

此项行动，安顺市共有916名"兵支书"脱下"戎装"换"农装"，奋战在532个乡村，为安顺打赢脱贫攻坚战、推动乡村振兴作出了突出贡献。

使足闯劲——脱下戎装奔赴"新战场"

"泥巴道路石板房，只栽苞谷愁断肠。自从有了杨守亮，韭黄村里大变样……"

一首流行于普定县的花灯戏，唱出了韭黄村对"兵支书"的认可。

杨守亮，曾在部队服役4年。在部队时，他就担任班长一职，军事素质过硬，个人能力突出。

2008年，在外打拼多年的杨守亮回到家乡，在村里的动员下参选村干部，先后担任村会计、村委会主任。2016年，当选为村党支部书记，扛起了带领群众致富的担子。

面对没有硝烟的脱贫攻坚战场，多年前的战斗经验告诉杨守亮，要打赢脱贫攻坚战，必须有一支过硬队伍。经过反复考虑、斟酌，杨守亮决定把村里74名退役军人共同调动起来。

"走，战友们！让我们换个'战场'再打一仗！"虽然脱下了军装，但没有褪掉本色，在杨守亮的号召下，大家纷纷响应。

通过1名班长带9名战士的"1+9"模式，他把大家分成不同的战斗班，有的负责政策宣传，有的负责调解矛盾，有的负责产业发展。老兵们换个身姿、冲锋在前，脱下戎装奔赴"新战场"。

几年来，杨守亮先后动员 6 名退役军人进入村支"两委"班子，从退役军人中发展党员 4 名，队伍建强了，打仗也有了底气。

通过实行"支部＋合作社＋村级公司＋农户"模式、组建销售"尖刀排"走南闯北找市场，杨守亮带领村民大力发展韭黄种植等产业。

经过 3 年多的发展，韭黄村的 1646 名建档立卡贫困群众全部脱贫，村民年人均纯收入近 1.6 万元。

另一边，退伍老兵林显才也将军人本色带到"第二战场"，在脱贫攻坚路上继续发光发热。

位于安顺市西秀区旧州镇的茶岭村，曾经是省级一类贫困村，这里山高坡陡、交通闭塞，村民一年四季守着一亩三分地，勉强维持生计。

因产业结构单一，村民年年收入低，大多青壮年劳动力背井离乡，远赴沿海地区打工。致富，是村民日夜的期盼。

2017 年，林显才在村民举荐下担任西秀区旧州镇茶岭村党支部书记，从此拉开了发展的序幕。

基础设施薄弱，林显才就协调项目，完善交通等基础设施；产业结构单一，林显才广泛调研，发动成立村级合作社，选定精品蔬菜……

然而，技术、市场等客观因素成为制约发展的壁垒，在现实面前，林显才并未气馁。他主动作为，积极创新合作方式，采取"村级合作社＋外来种植大户"模式，搭建销售平台，发挥技术指导作用，努力融入产业发展，让精品蔬菜快速上马。

"引进蔬菜种植大户合作，解决了我们技术和市场难题，为产业发展提供了保障。"在他的带领下,茶岭村的生态养鱼、茶产业、食用菌等产业发展风生水起,茶岭村发生翻天覆地的变化。

如今,茶岭村茶叶面积 4000 多亩、精品蔬菜 1200 多亩、辣椒 400 多亩、流水养鱼 20 多亩、林下养鸡 4000

◆ 林显才支书在茶岭村种植基地仔细观察作物的种植、生长情况

羽、林下草盖菇 50 亩,产业发展如火如荼,实现了山上有茶、林下有菇、地里有菜、水中有鱼的华丽蝶变。

鼓足干劲——钢铁纪律开创"新局面"

2016 年,退役军人肖正强当选安顺市平坝区白云镇平元村党支部书记。想要干事创业,摆在他面前的头个"拦路虎"就是基层组织软弱涣散问题。

"经过走访调查,我发现村民对一些村干部意见很大,认为他们懒政、怠政,不做实事,干群关系十分紧张。"肖正强说,那时候村支"两委"作风涣散,群众办事经常找不到人。

如何破题?"新官上任"的肖正强寻根溯源、不断思索,决定用钢铁纪律打开治理"新局面"。

在征得镇党委同意后,他大胆进行改革,将3个不称职的干部换掉,并在复退军人、致富能手、知识青年中物色人选充实村级班子。

通过考察,群众推荐,新的村"两委"干部平均年龄38岁,充满干劲、活力。

"部队有铁的纪律,必须令行禁止。现在要决战决胜脱贫攻坚,不把纪律挺在前面怎么行?"肖正强表示,从干部的作风问题入手,是受自己当兵经历的启发。在部队,农村出身的肖正强吃得了苦,受得了累,勤奋好学,多次荣获嘉奖。

借鉴部队的管理制度,肖正强在村"两委"定下规矩:按时上下班,每周召开例会,强化理论学习;制定干部评价表,邀请群众打分,严格奖优罚劣……

在肖正强带领下,平元村的凝聚力、战斗力逐步增强,2018年以来,平元村村民对村"两委"的满意度测评均超过90分。如今,平元村良好的风气已成为其他村学习的榜样。

在距离平元村不远的宜所村,也有一位"铁面无私"的党支部书记——杨兵。

据了解,之前的宜所村村"两委"班子不齐、纪律涣散,做村干部像"兼职"一样。杨兵坦言,为了抓纪律,除了上班要签到、签退外,有时候还要唱"黑脸"。

经过几年的整治,现在宜所村村干部的纪律意识大大提高,大家吃住在村,一心一意抓脱贫。在产业发展中,村集体经济不断壮大,村里的办公条件也得到改善。

作风硬朗、纪律严明、意志坚定,这是无数安顺"兵支书"的共同特点。

他们讲党性、守纪律、能吃苦,将铁的纪律用于村"两委"管理,不仅有效解决了基层组织软弱涣散的问题,更极大地强化了基层组织的战斗堡垒作用,优化了基层干部队伍结构,大大提高了农村干部队伍整体素质。

铆足拼劲——敢打敢拼干出"新成绩"

"通过培育引导、扶持激励,当前,一大批退役军人正活跃在安顺市经济社会发展的第一线,他们在各自岗位上的拼搏付出、建功立业,充分彰显了退役军人的价值。"时任安顺市委书记陈训华说。

近年来,安顺市以习近平新时代中国特色社会主义思想为指导,认真贯彻落实党中央国务院、省委省政府的决策部署,在打赢脱贫攻坚战的历史征程中,创新采取"平台引领、军地联育、政策激励、建功立业"的工作机制,推动退役军人投身脱贫攻坚、产业革命第一线,为退役军人开辟了建功立业的"第二战场"。

"兵支书"雷兴发始终践行退伍不褪色的铮铮誓言,变身乡村振兴"排头兵"。他加快村里产业结构调整,为木夏河村的乡亲们算清经济账,通过引导村民种植更有效益的蔬菜和水果,拔掉"穷根"促增收,富民路上立新功。

"兵支书"胡克贵在脱贫攻坚和乡村振兴的战场上,吹响了引领肖家村奔赴小康的号角。他通过盘活村内资源、建立股份制村级公司,构建企业、村级公司与贫困群众的利益联结机制等方式,千方百计为村民找到致富路,绘就美丽乡村新画卷。

◆ 胡克贵入户了解困难老人生活情况

"兵支书"褚代洋坚守军人的血性,保持着作风过硬、素质优良的军人本色,传承着不怕流汗、不畏困难的攻坚精神,因地制宜发展特色产业,十年磨砺绘就循环产业大观园,用行动展现了退伍军人的时代责任和担当。

敢打敢拼干出"新成绩"。一批有能力、懂技术、会管理的退役军人陆续走上村"两委"班子工作岗位,涌现出肖正强、杨守亮、林显才、褚代洋、杨兵、雷兴发、胡克贵等一批优秀"兵支书"。

他们扎根基层,带领贫困群众发展产业、脱贫致富,成为脱贫攻坚战场上攻城拔寨的"尖刀利刃"。

他们一心为民,始终保持革命军人的优良作风,朴实纯粹、艰苦奋斗,在践行初心使命中展现出退役军人的良好精神风貌和坚强意志品质。

他们敢打敢拼,以必须啃下"硬骨头"的决心,坚持和发扬部队听党指挥、服务人民、英勇善战的优良传统，成为百姓心里的"贴心人"。

无数退役军人的拼劲、闯劲逐渐转化为推动村级发展的后劲。安顺"兵支书"典型经验，也得到了党中央国务院、省委省政府领导的充分肯定。

据数据显示，安顺市贫困人口从2014年的43.83万人减少到2019年的1.82万人，贫困发生率从17.72%下降到0.73%，6个建制县区5个如期实现脱贫摘帽，1个深度贫困县已达到脱贫标准。

"要努力培养出一大批组织信任、社会需要的'兵支书''兵经理''兵模范'，让退役军人成为脱贫攻坚的引路人、农村产业革命的带头人、经济发展的内行人和生力军、和谐稳定的维护人。"

一个又一个"兵支书"以敢打硬仗的决心、敢打必胜的血性，不断发挥党员先锋模范作用，带领党员群众埋头苦干、攻坚克难，成为决战脱贫攻坚、决胜全面建成小康社会的"排头兵"，谱写出决胜全面小康、助力乡村振兴的辉煌诗篇。

退役军人事务部思想政治和权益维护司供稿

贵州安顺近千名"兵支书"决战脱贫攻坚战场

贾启龙　杨雅雯

在决战脱贫攻坚和推进乡村振兴中，退役军人村干部能发挥什么样的作用？贵州省安顺市军地联合交出了一份漂亮的答卷。

"截至2020年9月，安顺市共有916名'兵支书'奋战在532个村，为安顺市打赢脱贫攻坚战、推动乡村振兴作出了突出贡献。"在2020年9月17日落幕的退役军人村干部决战脱贫攻坚和推进乡村振兴现场交流会上，安顺市委有关负责人接受记者采访时说，近年来，安顺军地创新采取"平台引领、军地联育、政策激励、建功立业"的工作机制，推动退役军人投身脱贫攻坚、产业革命第一线，为退役军人开辟了建功立业的第二战场。

投身脱贫攻坚第一线

"泥巴道路石板房，只栽苞谷愁断肠。自从有了杨守亮，韭黄村里大变样……"安顺市普定县白岩镇韭黄村村党支部书记、"兵支书"杨守亮上任后，将韭黄村74名退役军人组织起来，组成战斗班组，实行"支部＋合作社＋村级公司＋农户"模式，大力发展韭黄等产业；同时还组建32人的销售"尖刀排"走南闯北找市场。

经过3年多的发展，韭黄村的1600多名建档立卡贫困群众全部脱贫，村民年人均收入将近1.6万元，村集体经济达103万元，成为远近闻名的小康村。

为了让"兵支书"成为农村发展的带头人，安顺市通过贴息贷款、技术培训等政策，鼓励引导"兵支书"们领班合作社、村级公司等村级经济合作组织，出任农村专业合作社负责人，带领广大群众与合作社抱团发展。目前，安顺市有121名"兵支书"领办、创办合作社（村级公司）127个，成为农村产业发展的"领头雁"。

时任安顺市委书记陈训华介绍，安顺市6个建制县（区）中的5个已如期摘帽，1个深度贫困县已达到脱贫标准。

军地实践中心为"兵支书"助力

2018年，贵州省军区出台《关于在退伍军人中培塑农村基层党组织带头人推动脱贫攻坚决战决胜的实施方案》。安顺军分区结合村委换届和农村"双强"党员干部选拔，将一批有能力、懂技术、会管理的退役军人吸纳进"两委"班子。通过岗位历练，400余名"兵支书"已成为带领群众致富、奔小康的排头兵。

党的十九大后，贵州各级在全境建起"新时代农民（市民）讲习所"，安顺军分区搭乘地方各级建立的、覆盖全市所有乡镇的讲习所"快车",整合军地资源,建立融合多方内容的军地实践中心。

"'兵支书'要想履行好脱贫致富、维护稳定的职责使命,必须手中有'枪',心中有'墨'。"安顺军分区政委闫海说。

安顺军分区在军地实践中心搭建讲习名人堂、文化轻骑兵、新质民兵分队、瀑乡军民集结号、"兵支书之家"、乡村致富夜校6个讲习实践共享平台,通过线上线下同步搭建项目库、专家库等活动模块群的方式,最大限度整合军地优质资源,让"兵支书"学有参照、行有保障。

◆ 杨守亮带领村民为韭黄除草

"2年前村里种植的韭黄遭遇病虫害,村民一时束手无策,我上网预约了安顺市农科院的技术专家张秀伟来村指导。"杨守亮说,张秀伟3个工作日内就深入村里调查取样,提出了解决对策,还给村民们讲解了不少种植技巧,受到了群众的广泛赞誉。

走军地联合共育之路

军地联合共育,让建功立业的"兵支书"找到新的"战位"。

为了遴选素质过硬的"兵支书",安顺军地全程对优秀苗子实施动态帮扶培养和考察,及时将考核合格、热爱农村、勇于奉献的优秀苗子纳入"兵支书"后备人才库,随时可供选拔。目前,安顺市储备"兵支书"后备人才1322人。

针对"兵支书"缺乏地方工作经验的实际,安顺军地多方发力,常态组织各类培塑活动。同时,他们对百余名学历偏低的"兵支书"实施"学历升级"工程,改善其知识结构,锻育出过硬本领。

安顺军地围绕村干部履职要点,建立"兵支书"工作责任清单,每季度对其履职情况进行考评,倒逼履职担当。

"'兵支书'在服役期间形成的吃苦耐劳、甘于奉献、敢打硬仗的顽强作风,正是决战贫困所需要的。"陈训华说,一大批退役军人活跃在安顺市经济社会发展的第一线,他们拼搏付出、建功立业,充分彰显了退役军人的价值。

新华社贵阳2020年9月18日电

最美退役军人

安徽省庐江县退役军人抗洪抢险突击一分队

ZUIMEI TUIYI JUNREN

安徽省庐江县退役军人抗洪抢险突击一分队：浪尖上漩涡里，军魂闪耀

2020年夏天，合肥遭遇百年未遇特大洪水，庐江县作为合肥降雨量最大的区域，更是经受重重考验。在滔天洪水中，有这样一支抗洪抢险突击队不惧危险，逆行而上，书写了新时代退役军人的责任与担当，队员中有的甚至付出生命代价，来确保百姓平安，这就是庐江县退役军人抗洪抢险突击一分队。

这支队伍由庐江县消防救援大队政治教导员陈陆带领消防队员常青、李俊杰、李顺，与同大镇连河村党委副书记王松共同组成。

2020年12月18日，中央宣传部、退役军人事务部、中央军委政治工作部联合发布2020年度"最美退役军人"先进事迹，庐江县退役军人抗洪抢险突击一分队荣获"最美退役军人集体"称号。

迎风搏浪发起冲锋

如今的庐江县石大圩已经恢复正常的生产生活秩序，农舍粉刷一新、沃野之间麦苗翠绿、街巷马路人声鼎沸，然而2020年7月的那段惊心动魄的经历，仍时常在群众口中被提起。

2020年7月22日早晨，庐江县同大镇石大圩连河段突然漫堤溃口，圩内部分未撤离群众亟待救援，情况万分危急。面对汹涌的洪水，该县防汛抗旱指挥部在援驰一线紧急组建抗洪抢险突击队。现场指挥官陈陆带领救援人员在成功营救2名被困群众后，又得知有20多名群众在紧急撤离时被洪水围困，他们再次赶往救援。

"同志们，我来带路，打头阵。"陈陆说，"我比较熟悉这片水域情况，我和你们一道去！"

面对奔涌而入的滔天洪水，王松自告奋勇前往并坐在开路艇前面。陈陆、常青、李俊杰、李顺等其他抗洪抢险突击一分队成员，也毅然决然跳进首艇，主动担当洪水中的"开路先锋"，带领其他4支分队的橡皮艇向着被困群众的方向全速开进。

谁也没有想到，这是陈陆、王松二人的最后一次冲锋。他们的牺牲以及其他队友舍生忘死的努力没有白费，受困的群众得到了及时救援。

"多亏王书记和消防员开着船把我们转移了！没想到他们后来再去救人时，船翻掉了！救命恩人一辈子都记得！"忆及当日情形，连河村村民许咸来话语哽咽。

据队员常青回忆，当时，他们在赶往群众被困地点的路上，溃

◆ 王松（后排右）和队员搜救被困群众

坝口突然增大，水位落差陡增，形成高达3米的"滚水坝"。"滚水坝"在远处水面根本看不到，发现时，掉头已经来不及，艇翻，人落水，常青、李俊杰、李顺最终获救，陈陆和王松永远留在了漩涡中。

49个小时后陈陆的遗体被找到，应急管理部批准陈陆同志为烈士，追记一等功；10月4日，王松的遗体被找到，安徽省人民政府评定王松同志为烈士。

现在，足以告慰英烈的是，湖河安澜，百姓无恙。

这些印记永世长存

据庐江县退役军人事务局相关负责人介绍：王松在防汛的40多个日夜中带领巡防排险队员累计查险排险50多处，成功处理管涌20多处，加固堤防1.5千米，运送石头1000多方，装泥袋3万多个，成功救援、转移和疏散群众3447人。陈陆和常青、李俊杰、李顺先后出警112次，奋战96小时，成功救援、转移和疏散群众2665人。

自2020年6月10日入梅以来，庐江县先后经历了7轮强降水，巢湖中庙站水位达到13.36米，超巢湖洪水设防百年一遇标准。7月18日，庐江县多条河流水位超过历史峰值。

事实上，汛期一到，这支队伍就行动起来了。

7月18日，陈陆第一时间与该县防汛抗旱指挥部联系，得知受灾最严重、情况最危急的是盛桥镇。"不能落下一户，不能漏掉一人！"陈陆带领常青、李俊杰、李顺拼命地和险情赛跑，转移疏散群众。为了争取更多的救援时间，陈陆率先垂范，身先士卒，饿了就啃几下方便面，渴了就灌一口矿泉水，困了就在堤坝上眯一会，

◆ 陈陆检查企业微型消防站

盛桥镇洪水围困最危险地域的群众全部得到安全转移。

在连续 4 天的紧张战斗中，为第一时间营救被困人员，陈陆、常青、李俊杰、李顺不顾个人安危，始终冲在抗洪抢险的最前沿。由于长时间野外救援和水中浸泡，他们的脸颊手背过敏脱皮，双腿肿胀发白，强忍着疼痛，始终不下火线。

王松虽然脱下了军装，但他骨子里还有军人的特质。7 月 22 日牺牲前，他已连续 40 多个小时未休息，尤其是从 21 日中午接到同大镇防指通知开始疏散群众，到 22 日中午，将近 24 小时只吃了一袋方便面。

同大镇连河村整个圩防 4.56 千米，王松主动承担了最长、最险、有 2 公里长的永和段圩堤的防护任务。灾情发生以来，他一直坚守第一线，查险情，除渗漏，堵管涌，每天最多只睡两三个小时觉，有时实在累得不行了就将编织袋铺在地上打个盹儿。

同大镇连河村从 7 月 21 日中午开始转移群众。村里决定先转移 70 位孤寡老人和行动不便人员，王松主动将这个最难的任务接了下来。撤离过程中，王松看到有老人行动不便，二话不说就上前或背或抱，深一脚浅一脚地在水里蹚，往返 20 多个来回，行程有 10 多千米，他一个人把 20 多位老人安全转移到安置点。安排妥当后，他顾不上片刻休息，又赶往村民组转移其他被困群众。

退役军人事务部思想政治和权益维护司供稿

军魂在惊涛骇浪中闪光

华新红

庚子之夏,合肥遭遇百年未遇特大洪水,人民群众生命财产安全受到严重威胁。

地处巢湖南边的庐江县情况尤为严重。7月22日早晨,该县同大镇石大圩连河段突然漫堤溃口,圩内部分未撤离群众亟待救援。

退伍不褪色,退役不移志。危急时刻,庐江县消防救援大队政治教导员陈陆带领消防队员常青、李俊杰、李顺与庐江县同大镇连河村党委副书记王松组成了庐江县退役军人抗洪抢险突击一分队,不惧危险,逆流而上,书写了新时代退役军人的责任与担当。

在成功救出2名群众后,五人小分队再度出发。不幸的是,他们在途中遭遇"滚水坝"导致橡皮艇侧翻,陈陆、王松壮烈牺牲,常青、李俊杰、李顺拼尽全力脱险。

征程万里,初心如磐。追寻烈士、英雄的足迹,有一种身份他们片刻未曾忘记。自退伍以来,陈陆、王松、常青、李俊杰、李顺始终保持军人本色,在各自岗位上书写了奋进篇章,用实际行动为党旗增辉、为军旗添彩。

"救命恩人一辈子都记得！"

时间的长河中，总有些精神让人们永久铭记、热泪盈眶。

深秋时节，走进巢湖之畔的庐江县石大圩，所到之处，农家房屋粉刷一新、旋耕机穿梭于麦田、街巷马路人声鼎沸……村民的家园正在重建中逐步恢复到洪灾前的样貌。

此时此刻，距离今夏那场百年不遇的特大洪水虽已过去数月，可是提及庐江县退役军人抗洪抢险突击一分队的事迹，这里的村民依旧心绪难平。

"那天是22号，圩里进水后我和老伴跑到了高地，可是四周洪水还在往上涨，心里特别急！幸好王书记和消防员开着船过来把我们转移了！没想到他们后来再去救人时，船翻掉了！救命恩人一辈子都记得！"忆及事发当天的情形，同大镇连河村村民许咸来话语哽咽。

洪魔无情人有情，危急时刻显担当。

7月22日清晨，庐江县同大镇石大圩连河段突然漫堤溃口，连续多日超保证水位的白石天河洪水无情地冲入圩内，不断吞噬良田、房屋。

"溃堤之前，我们村大部分村民都已撤离出去了！可是突发状况还是困住了一些未及时撤离的群众，情况万分危急。"连河村党委书记汪自荣说。

人民至上，生命至上。

面对汹涌的洪水,庐江县防汛抗旱指挥部紧急组建抗洪抢险突击队开展救援。

来自庐江县消防救援大队的陈陆、常青、李俊杰、李顺和连河村党委副书记王松组成了突击一分队,驾驶橡皮艇向险而行,解救群众。谁也不曾想到,这支临时组建的五人突击队,有着一个共同的身份——退役军人。

"我们进行了简单分工,大家各负其责。橡皮艇开出四五公里后,我们发现了许咸来夫妇,立马小心翼翼靠了过去。当时水位在不断涨,到处是漂浮物,水域状况很复杂。两位老人上了艇后,我们随即将其安全送到了临时指挥部。"常青回忆说。

抵达指挥部后,连日奋战、疲惫不堪的五人根本没有时间休整,必须再度出发——此时溃口越来越大,洪水向圩内奔涌而入,而最新的信息是圩内还有20多名群众在紧急撤离时被洪水围困。

"同志们,我来带路,打头阵。"陈陆说。"我比较熟悉这片水域情况,我和你们一道去!"王松坐在开路艇前面说。突击一分队主动担当洪水中的"开路先锋",带领其他4支分队的橡皮艇向着被困群众的方向全速开进。

"王松熟悉村里的路,哪怕在洪水中也能及时找到被困群众的家。在橡皮艇上,他用手机不停地联系受困群众。"李顺说。

就在一分队带领救援力量赶往群众被困地点的路上,溃坝的口子突然增大,水位落差陡增,形成了高达3米的"滚水坝"。

"'滚水坝'在远处水面根本看不到,等我们发现时,掉头已经来不及了。"常青说。

"掉头,快掉头!"陈陆向着后方分队大声喊道。话音刚落,他所在的橡皮艇已经顺着湍急的水流一头栽下去。位于橡皮艇最前面的王松第一个落水,他一把抓住了冲锋舟的边沿,可是当时洪水已经在这里形成了"沸腾线",人只能随着水流翻滚,很难脱身。

"我和常青拽着倒扣着的橡皮艇上绳索,被水流卷着不停打转,呛了好多泥水,最后相互鼓励拼命游才抱住了一根电线杆,脱离了困境。教导员在下沉的时候还用力把我往水面推了一把!"李俊杰悲痛地说。

最后一个落水的李顺在水里打了七八个滚,至今一想起来仍觉得头晕目眩。"王松就在我的头顶左侧随着水流不断翻滚,几秒钟后消失在视野里。水下到处都是水草、电线、石块,水面不时有倒塌房屋的梁木和砖块冲下来,我挣扎着都想放弃了。后来,我被水流冲出200多米后才游上了岸,可怎么也看不到陈教和王松的踪影。"

不久,在空中与地面立体搜救中,常青、李俊杰、李顺3人经抢救安全脱险。

"获救后,教导员和王松还没有找到,我们就加入搜救队一起寻找。"常青说。

然而,现实无比残酷。49个小时后,陈陆的遗体被找到。应急管理部批准陈陆同志为烈士,追记一等功。10月4日,王松的遗体被找到。安徽省人民政府评定王松同志为烈士。

回忆起当时的情景,参与此次救援的合肥蓝天救援队队长苏琴至今历历在目,感慨万千。"'滚水坝'在水域救援中最不可预料、最难自救。考虑到我们是民间队伍,一分队主动冲在前面,正是在一分队队员落水前的提示下,我们后面4艘橡皮艇才没有出事。把危险留给自己,给大家开路、指引方向,这种精神让我毕生难忘!"

"圩破了，在救人，话少讲！"

在大战中践行初心使命，在大考中展现老兵风采。

2020年入梅以来，合肥市的降雨量是常年的3倍，突破有气象记录以来历史极值；庐江县降雨量达940毫米，超过1991年的降雨量，防汛形势十分严峻，人民群众生命财产安全受到严重威胁。

灾情就是命令，抗洪就是责任。庐江县退役军人抗洪抢险突击一分队的5名队员无不奋战在防汛一线。

庐江县同大镇连河村整个圩防4.56千米，王松主动承担了最长、最险、有2千米长的永和段圩堤的防护任务。入汛以后，他一直坚守一线，查险情、除渗漏、堵管涌，每天只睡两三个小时，实在累得不行了就把编织袋铺在地上打个盹儿。

7月21日中午，连河村开始劝离、转移群众。村里决定先转移70位无亲友投靠的孤寡老人和行动不便人员。王松主动将这个最难的任务接了下来，撤离过程中，王松看到有老人行动不便，二话不说就上前或背或抱，深一脚浅一脚地在水里蹚，往返20多个来回，行程有10多千米，他一个人把20多位老人安全转移到村部，后集中送至安置点。安排妥当后，他顾不上片刻休息，又赶到村民组转移其他被困群众。

"失联前，王松已连续40多个小时未休息，近24小时只吃了一袋方便面。漫堤溃口后，他打电话让敲锣、喊话，通知群众迅速撤离。"连河村党委第一书记赵莉说。

王松的妻子汪志云红着眼圈说，出事前自己曾给王松打过电话，

"他只说'圩破了，在救人，话少讲'就挂断了电话，整个通话时间只有仅仅 6 秒钟。防汛期间，他只回过一次家，还是因为衣服脏得湿得实在没法穿才回来的。回来后，抓了几件旧军装又匆匆回到防汛一线。"

40 多个日夜，王松带领村里的巡防排险队员累计查险排险 50 多处，成功处理管涌 20 多处，加固堤防 1.5 千米，运送石头 1000 多方，装泥袋 3 万多个，成功救援、转移和疏散群众 3447 人。

时间就是生命，灾情就是命令。

从 7 月 18 日开始，庐江县消防救援大队的接警电话几乎响个不停。"不能落下一户，不能漏掉一人！"陈陆带领常青、李俊杰、李顺等人奔走在盛桥镇、庐城镇、白湖镇、石头镇等地，始终不顾个人安危，冲在抗洪抢险的最前沿，拼命地和险情赛跑，转移疏散群众——

18 日上午，庐江盛桥老街河水暴涨淹到街上房屋，火速赶赴现场忙到天黑，营救群众 100 余人；18 日夜，庐江县城出现严重内涝，奔赴县城增援，来回背运群众，营救 60 余人；20 日清早，石头镇同心村上千人等待转移，一船一船接送，一个不落；21 日上午，白湖镇发生险情，抬着船只避开杂物，寻找转移群众……

一次次救援，一趟趟转运，扎根群众心田，永生难忘。

家住庐江县鲍井新村的解启霞，被洪水围困之际已怀孕 5 个多月。"从来没见过这么大的洪水，一楼的房子全部浸泡在了水里，水还在上涨，吓得我赶紧拨打了 119。"当解启霞几乎陷入绝望之际，陈陆等人驾驶橡皮艇赶到了楼下，将其护送到安全地带。

住在众发名城小区的张大爷瘫痪在床，陈陆等人赶到时，洪水已经快漫上老人的床了。李俊杰蹚着齐腰深的水背起老人向外转移。"多亏了消防队员,不然我哪里跑得出来。伏在消防员的背上,感到特别安全!"老人激动地说。

由于长时间野外救援和水中浸泡,陈陆、常青、李俊杰、李顺的脸颊手背过敏脱皮,双腿肿胀发白。为了争取更多的救援时间,他们强忍着疼痛,始终不下火线。饿了就啃几下方便面,渴了就灌一口矿泉水,困了就眯一会儿。他们先后出警112次,转战5个行政村,奋战96小时,行程600余千米,成功救援、转移和疏散群众2665人。

◆ 2020年7月,常青在庐江县盛桥镇抗洪转移群众

"陈陆教导员比我们的情况更严重,两条腿红肿发炎,两个膝盖处肿得像面包一样。"李顺说。

7月22日上午,接到县防汛抗旱指挥部的命令后,连续奋战几昼夜的陈陆、常青、李俊杰、李顺等人不顾疲劳，迅速集合，携带好救生装备，驾驶4艘橡皮艇再次奔赴一线。

听说自己的救命恩人遭遇意外后，解启霞不禁泪流满面。"他们很伟大，没有他们的帮助，我也没办法出去。陈陆教导员的声音很洪亮，是他一路护送着我来到了安全地方，我会感恩一辈子！"

危难时挺身，点亮困者希望，传递正能量，这样的影像将永远温暖我们前行！

"对于我们村来说是巨大损失！"

戎装虽脱，军魂仍在；戎装虽脱，使命未忘。

自脱下军装的那一刻，突击一分队的5名队员始终保持军人本色，在全新的岗位上尽心尽责，书写了新的精彩。

1999年参军入伍的王松，在部队的12年里，先后8次荣获表彰嘉奖。2019年2月，经同大镇政府安排，王松到同大镇环保办工作。

据时任镇环保办主任林星回忆，王松刚来环保办的时候，业务还不太熟，他一遇到不懂的问题就向同事请教，一接手交办的新任务，就马不停蹄地去处理，那股认真劲儿、拼劲儿给同事们留下了特别深刻的印象。短短几个月时间，他对很多业务都稔熟于胸。

同大镇地处巢湖沿岸，生态环保工作是重中之重，也是难中之难。不论是田间地头一遍遍地宣传秸秆禁烧，一家家企业去检查排放情况，还是镇域内一级保护区100多处卫片核查，黑臭水体排查……王松在镇环保办工作期间，一天也没闲过，哪里任务急、任务重，哪里就有他不知疲倦忙碌的身影。

由于工作认真、成绩突出，2020年3月同大镇党委任命他为连河村党委副书记。"革命战士是块砖,哪里需要哪里搬。"多年来部队的教育坚定了他的信念,他决心不负组织的期望,挑好这副重担,为乡亲们办实事。

到任村党委副书记岗位后,工作任务更重了,他扑下了整个身心。日常工作中,他坚持原则、处事果断,不徇私情、敢于较真。村里搞"五化两改"工程,一位堂叔找到他,要求把村路往自己家门口"伸一截子"。王松一口回绝:"该修的,您不讲,村里都会修,不该修的,谁说也没用!"一条路修下来,老百姓都为他竖起大拇指:"这个村干部,我们喜欢!"

为减少新冠肺炎疫情带来的损失,王松深入企业帮助企业复工复产。一次,一家企业复工需要口罩,但由于交通管制,订购的口罩在合肥运不回来,王松二话不说,立即向上级申请了通行证明,然后开着自己的面包车把口罩运了回来,解决了企业的棘手问题,没要企业分文车费,企业员工都十分感动。

或许是10多年的部队生活历练,王松做起事来特别注重细节。村里计划用闲置的旧房子改造成莲禾乡村书院,暑假时给贫困家庭的儿童办活动班,王松积极支持,他说:"咱们农村孩子的活动班,也要办得有声有色,虽说硬件条件有限,可是卫生环境绝不能马虎!"他带着大家利用休息时间清扫教室,把桌椅板凳搬出来暴晒杀菌,细心的他还特地把所有纱窗都拆了下来,洗得一尘不染再装上。

村民王定四因为患大病,先后做了2次手术,花掉了所有积蓄。王松得知情况后,入户收集相关佐证材料,帮助他通过医保、大病救助等渠道解决了大部分的医疗费用,还采取线上、线下募捐的办法,筹募了几千元捐款,解决了王定四的燃眉之急。

"王松走了,对于我们村来说是巨大损失!我们会传承他的工作作风,带领村民把村庄建设好、发展好!"连河村党委书记汪自荣坚定地说。

在人民群众最需要的时候,王松用忠诚与担当、用血肉之躯筑起了抗击洪魔的坚强柱石,谱写了一曲新时代"人民公仆为人民"的壮丽赞歌。

"不愧为总书记授旗致训词的队伍!"

践行训词当先锋,担当奉献铸忠诚。

陈陆的外公和父亲都是军人,他自幼立志从军报国。

2001年,陈陆如愿以偿穿上了军装。2005年7月,怀揣着对消防队伍的向往,陈陆毅然选择走进红门。投身消防队伍后,陈陆先后在8个基层单位任职,都是急难险重任务最多、最偏远艰苦的单位。在救援一线,陈陆1次病危、2次昏厥、8次负伤。

2018年,公安消防部队集体退出现役,组建国家综合性消防救援队伍。

面对人生的十字路口,陈陆选择留下来,继续从事他所深深热爱着的消防救援事业。他跟劝自己转业的亲戚朋友们说:"我是大队主官,如果我带头离开,怎么对得起组织的培养,身后的战友们怎么看我?"

消防改制期间,陈陆天天拉着队员们促膝谈心。在他的带动感召下,大队在改革转制的关键时期思想不乱、队伍不散、干劲不减、工作不断，没有一名干部提交离队申请。

脱下军装的那一刻陈陆流泪了，可他不仅没有失去热情，干劲反而更足了。

作为基层大队主官，陈陆始终坚持战斗力这个唯一的根本的标准，全力推动提升队伍专业化水平，确保刀山敢上、火海敢闯，召之即来、战之必胜。

新的条令纲要下发后，陈陆立即带领指战员认真学习、严格落实，并逐步探索建立起一整套标准化管理制度和奖惩机制，对每名指战员进行量化评分，推动考评结果与绩效考核、评先评优挂钩；他积极探索运用智能化手段打造"数字化"营区，推动研发使用行政车辆审批、器材装备管理、人员请销假等多个 App 软件系统，大队的管控更加精准、秩序更加正规。

2019 年年初，庐江消防大队迎来一批政府专职消防员。陈陆带领大队党委研究制定了主官主训、带训干部组训和周测、月考、年评等 10 多项措施，由党委班子成员逐个认领、跟踪落实。政府专职消防员开展训练你追我赶、比武竞赛扛旗夺标，作战能力显著提升。

随着经济社会的快速发展，庐江县内大空间大跨度厂房不断增多。陈陆居安思危、谋战思战，大胆提出了配备消防机器人的设想。2019 年年初，县政府拨款近 300 万元为大队购买了 2 台灭火消防机器人。陈陆组织队员认真钻研、反复训练，探索了"一机两枪、两机三枪"的机器人协同灭火作战操法，在实战中发挥了重要作用。

2020 年 3 月，庐江县东顾山突发山火。陈陆到场后立即指挥无人机升空侦察，迅速找到起火点，精准判断火势，并提请政府针对性部署灭火力量，有效控制了山火。入夜后，大火再次复燃，蔓延到一个布满沼气的大型处理场附近，关键时刻他再次挺身而出，带队开辟隔离带，与火魔鏖战13个小时，避免了一场可能发生的灾难……

扶危济困，为民谋利。2019年入夏后，持续近2个月的高温天气，导致冶父山镇境内水源枯竭，村民们饮水困难。陈陆知道后二话不说，立即带队驱车往返数百公里送水，解决了幸福村数十户人家、近200人的燃眉之急。"你们消防队就是及时雨，否则真不知道这日子怎么过了。"村民们拉着陈陆的手连声道谢。

卫岗村农民吴申枝夫妇都是残疾人，全家人靠经营一个小型养鸡场为生。由于交通不畅，他养殖的土鸡经常滞销，2020年受疫情影响更是雪上加霜。陈陆得知后主动与村支书张传友联系，个人托关系找门路帮忙拓展销路，帮吴申枝夫妇渡过了难关。

"在陈陆同志的带领下，消防救援大队改制不改本色，任务比原来更重了，干得比原来更好了！不愧为总书记授旗致训词的队伍！"庐江县委主要负责人说。

"两年前，他的脖子上长了一个血管瘤，我几次催促他尽快去做手术，可他不情愿耽误工作时间住院做手术，一直靠吃药控制病情。这是我最大的愧疚，让他带着病痛走了！"陈陆的妻子王璇泣不成声。

在旌旗猎猎的"火焰蓝"方阵里，陈陆把最美的青春献给了最爱的事业，用担当和奉献诠释了激流勇进的人生，用年轻而宝贵的生命践行了"对党忠诚、纪律严明、赴汤蹈火、竭诚为民"的铮铮誓言！

"用汗水热血守护群众的幸福安康!"

长跑、爬绳、负重,练就过硬本领;

灭火、救人、拆解,救群众于水火。

这是常青、李俊杰、李顺未曾停歇的音符。2018年退出现役后,他们牢记宗旨,爱岗敬业,刻苦训练,不怕牺牲,全力守护人民群众生命财产安全。

常青,2009年12月入伍,现任庐江县消防救援大队庐城站副站长,队友们称其为"拼命三郎"。

2020年3月12日,庐江县一建筑工地上,3名工人在安装排水管道时突然遭遇塌方。接到报警后,常青和队友们急忙赶赴现场,发现3名工人大半身子都被埋在一个距地面5米深的土坑里,工友们正在组织自救,利用大型挖掘机清理埋压在3名工人周边的大石块。

这种救援方式可能发生二次坍塌,常青立即上前叫停。他和队员们取来木板对周边泥土进行固定,再用电动破拆机和撬棍对大型

◆ 李顺在日常训练中

石块和泥土进行破拆。常青徒手搬运清理小型的砂石,手套都磨破了,渗出了鲜红的血迹。半个多小时后,3名工人被成功救出。

来自山东的李顺,2016年9月入伍,现任庐江县消防救援大队庐城站特勤班副班长。面对洪水、烈火,李顺从不畏惧。

2020年4月24日,庐城镇城西大道与新桥路交口一工厂发生火灾。李顺随队23人赶赴现场。由于燃烧物质是亚格力板和木托,火借风势,越烧越猛。李顺承担了离火焰最近的"水枪手"任务。他身高力大,持枪有力,对着"火魔"一顿扫射,火焰终于低下了头。由于救援及时,现场无人员伤亡。

李俊杰,2011年12月入伍,现任庐江县消防救援大队庐城站特勤班班长。李俊杰是队里的训练标兵,参加过2019年全国首届火焰蓝比武。2020年汛期,李俊杰的父亲从怀远打来电话,说家里的

◆ 2017年,李俊杰参加安徽总队大比武

几亩石榴被水淹了,希望李俊杰能回家看看,帮他一把。李俊杰却说:"任务紧,不能回去,家里困难再大,也没有这里老百姓的生命重要。"说完,李俊杰挂断电话,眼里却涌出两行愧疚的泪水。

"虽然退伍了,但我们骨子和血液里的红色基因没有变!我们将牢记总书记授旗训词精神,以陈教、王书记为榜样,用汗水、热血乃至生命守护人民群众的幸福、安康!"李俊杰等人坚定地说。

《合肥日报》2021年1月5日

最美退役军人

视频·链接

ZUIMEI TUIYI JUNREN

永葆军人本色　书写时代答卷

李龙伊

2020年，意义非凡。

在"十三五"规划收官之年，举国上下众志成城、勠力同心，决战决胜脱贫攻坚，实现第一个百年奋斗目标胜利在望。

我们看到，无论是在创业创新的沃土上，还是在脱贫攻坚的战场上，都活跃着退役军人的身影。在应对新冠肺炎疫情、抢险救灾中涌现出许多敢于冲锋、勇于奉献的退役军人典型，彰显了广大退役军人永葆军人本色、在国家危难时刻挺身而出的责任感和使命感。

让我们走近2020年度"最美退役军人"，聆听他们的故事。

保持一腔热血
投身抗击疫情

新冠肺炎疫情突如其来。得知要抽组医疗队支援武汉的消息，陆军特色医学中心胸外科护士长赵孝英立刻请战出征："我是一名老党员，一名老兵，我参加过汶川地震抗震救灾和援助非洲抗击埃博拉病毒任务，有实战经验，请组织给我参战机会。"在火神山医院，她担任护士长的病区实现了"治愈率最高、死亡率最低、医护人员零感染、收治患者零投诉"的目标。

申请出战的退役军人，不止医护人员。

王国辉是河南省沈丘县田营行政村党支部书记、村民兵连连长，也是一名退伍老兵。新冠肺炎疫情发生后，王国辉勇敢逆行，3次运送"爱心蔬菜"驰援武汉：第一次，王国辉从自己的蔬菜种植基地采摘5吨蔬菜，连夜独自驾车500千米送到当时正在建设的火神山医院工地；2月24日他又带着4卡车30吨爱心蔬菜，送给武汉一线忙碌的环卫工人；3月1日他第三次带队将13卡车130吨农产品送到武汉。

坚守从军初心
建功脱贫攻坚

"离开部队30多年，变的只是'战场'，不变的是肩上的使命和担当。""我将不忘初心，发挥退役军人村干部的示范带头作用！"

在退役军人村干部决战脱贫攻坚和推进乡村振兴现场交流会上，来自贵州省安顺市的几位老兵誓言铿锵。自2018年起，安顺市先后有数百名优秀退役军人担任村党组织书记、村委会主任和"两委"成员，他们为安顺打赢脱贫攻坚战、推动乡村振兴作出了突出贡献。

脱下"戎装"换"农装"，奋战在脱贫攻坚战场上的退役军人还有很多，靳玉国、宋伟、李锁正是其中的先进代表。

1986年，从部队回到家乡的靳玉国，当选为甘肃省静宁县靳寺村党支部书记，成为当时全县最年轻的村支书。

"一定要让大家换一种活法！"靳玉国立下誓言。他组织了工程队，办起了地毯厂，又建了木材经销站和粉条加工作坊。红红火火的村办企业，凝聚和提振了靳寺村的士气。靳玉国还到陕西调研学习，创建果品公司，一大批群众依靠苹果产业实现了脱贫。

山东省邹城市人宋伟退役后，靠着吃苦耐劳、奋发争先的坚强品格，事业蒸蒸日上。回到老家，看到村庄落后、村民生活困难，他下定决心："一定要为村里的父老乡亲做点什么！"

2004年，宋伟担任邹城市后八里沟村党支部书记，之后他带领乡亲们用十几年的时间，将一个穷村、乱村、空壳村发展为经济强村。2019年，该村集体资产达40多亿元，人均年收入4万余元，村民幸福指数大幅提升。

2020年11月1日，农村实用人才带头人培训班在天津市蓟州区穿芳峪镇毛家峪村开班，副镇长兼毛家峪村党支部书记李锁用他带领乡亲脱贫致富的创业故事，为学员们作了精彩演讲。这个藏在燕山深处的村落，被评为"农村实用人才培训基地"。

20年前，毛家峪村村民生活贫困。2000年，李锁被选为村党支部书记。他制定了周密的规划，树起了"毛家峪长寿旅游度假村"的招牌，带着村民闯出了以乡村旅游为支撑的脱贫攻坚之路。为了把度假村牌子打响，李锁马不停蹄地奔波，跑遍北京、天津的旅行社联系客源。经过20年的奋斗，今天的毛家峪村变成了闻名全国的"小康村"。

这些退役"兵支书"的扶贫路，映照着他们的从军初心。带领群众脱贫攻坚，他们有想法、有行动，为广大退役军人树立了榜样。

不顾个人安危
一向冲在前面

"把危险留给自己，给大家开路、指引方向，这种精神让我毕生难忘！"这是安徽省合肥蓝天救援队队长苏琴给庐江县退役军人抗洪抢险突击一分队的评价。

2020年夏天，合肥遭遇特大洪水，庐江县受灾情况尤为严重。7月22日早晨，该县同大镇石大圩连河段突然漫堤溃口，圩内部分未撤离群众亟待救援。

危急时刻，庐江县消防救援大队政治教导员陈陆带领消防队员常青、李俊杰、李顺与庐江县同大镇连河村党委副书记王松，组成庐江县退役军人抗洪抢险突击一分队，不惧危险，逆行而上。不幸的是，他们在途中遭遇"滚水坝"导致橡皮艇侧翻，陈陆、王松壮烈牺牲。在抢险救援中，为了人民群众生命财产安全，这群退役军人不顾个人安危，哪里最危险就战斗在哪里。

"到祖国最需要的地方去！"这是退役军人王昌群的真诚"告白"。王昌群一家8人都是军人，丈夫、儿子、女婿先后上战场，其中6人直接参加战斗，丈夫是战场指挥员，两个儿子英勇作战壮烈牺牲。

20世纪50年代，王昌群被分派到组建不久的西南军区空军司令部气象处从事报务工作。后来，她一直扎根祖国西南边陲，贡献着青春和热血。步入新时代，王昌群为红色教育、公益事业等奔忙，向各界人士、向年轻人讲述革命故事，参与爱国主义教育和国防教育活动，为党和人民继续贡献自己的力量。

受党和军队培养教育22年的牛何松，2018年自主择业回到家乡山西省长治市，担任后脑村民兵连连长。

后脑村与闻名遐迩的青龙潭瀑布咫尺之距，但半山腰的后脑村与山脚下的青龙潭贫富两重天。"等靠要的思想坚决不行，我必须先蹚出一条路子来。"他与村"两委"成员一起勘察后，决定从后脑村向青龙潭瀑布修砌一条旅游步道，打开后脑村旅游业发展的大门。

步道虽然不长，必须在陡坡和崖壁上开凿，全部要用石头垒砌，与山脚下的平地呈60度角，斜搭在半山腰上。由于地势险峻，难以使用机械，每一块巨石都要几个人联手撬起，用器具破成小块，肩背手抬才能运到筑路工地。牛何松凭着退役军人坚毅的品质，带领乡亲们"愚公移山"，修出了太行山深处的"致富路"。

舞台虽不同，本色永不改。广大退役军人保持军队培养出的血性、品德和素质，担当作为、奋斗奉献，书写着无愧于时代的答卷。

《人民日报》2020年12月19日

建功新时代 展现新作为

李龙伊

帕米尔高原红其拉甫口岸,空气稀薄,被称为"生命禁区"。过去,对于当地人来说,在白雪中能看见一抹绿色都稀罕,更别提吃上绿色的蔬菜。

驻守于此的边检站民警孙超,24年不放弃、不懈怠,自学农业知识,攻克了高寒地区蔬菜种植的关键性技术难题,成功种植出30余种蔬菜,搭起8座蔬菜大棚。

孙超是一名退役军人。发扬当兵时养成的好作风,他在红其拉甫创造出了"万仞冰峰,十亩江南"的奇迹。孙超的坚持与坚守、钻研和奉献,是广大退役军人建功新时代、展现新作为的缩影。

脚下有大地,心中有梦想

"人生的快乐,很大程度取决于我们拥有和实现什么样的梦想。"1981年，家住上海市松江区的郁文贤怀着报国之志，进入国防科学技术大学学习。

2008年从国防科学技术大学转业后，郁文贤竞聘到上海交通大学。从部队到高校，30多年的科研生涯中，郁文贤在雷达目标识别、遥感信息处理、融合导航定位技术等方面取得一系列成果。他在上海交通大学推动创立了感知与导航研究所，承担北斗卫星导航长三角应用示范工程等重大项目，牵头成立"北斗导航与位置服务""智能探测与识别"重点实验室，致力于解决北斗导航与位置服务中的核心技术问题，科研成果显著。

"一切源于部队的培养和塑造。"全国技术能手、退役汽车兵张国强这样评价自己的成绩。

荣誉是钻研换来的。1983年，张国强应征入伍，在部队里担任过汽车修理工和驾驶员。从入伍到退役，再到扎根中国一汽，他与汽车打了37年交道，成了行业专家，还保持着不断学习、不断进步的状态。凡有专家和设计师来讲技术课，他总是认真听讲、做笔记，就像当年在部队时一样。

四川省川椒种业科技有限公司总工程师陈炳金，是行走在田间的农业知识科普者。退役多年来，陈炳金坚持开展辣椒育种研究，春在四川、冬在海南，对辣椒等作物种质资源进行搜集整理、分离提纯、基因重组选育，形成遗传性状稳定的辣椒种质资源，育成辣椒新品种70余个。

"军旅生涯让我淬炼了坚韧顽强的意志，养成了坚持自学的习惯。"陈炳金说。

耕耘永不歇，本色永不改

"我来自革命老区黄桥、杨根思的家乡，听着英雄的故事长大，我的理想是做一名雷锋式的好战士。"这是何健忠入伍时的自我介绍。40多年过去，他坚守从军初心，本色不改。他现任中国邮政江苏省泰兴市分公司江平路支局局长，是全国劳动模范、全国优秀志愿者、全国道德模范提名奖获得者。

工作中，何健忠尽心尽力为群众服务，自2002年以来多次受到表彰。他是十一届、十二届、十三届全国人大代表，履职尽责、倾听民意，立起了退役军人的好模范。

把岗位当战位，广大退役军人在各自领域奋力拼搏。

离开军营10多年，北京市西城区税务局第一税务所副所长陈卫华还保持着军营中的习惯——早上5点准时起床，总是第一个到单位。

"脱下军装从事新工作，自己又变成了一名小学生。"陈卫华说，从"绿色军营"到"蓝色税岗"，转业时也曾担心无法胜任新工作，但军队培养了他不服输的劲头，"工作岗位换了，但为人民服务的宗旨都是一样的"。陈卫华兢兢业业、热心真诚，在办税大厅工作10年，实现了零差错、零投诉，多次获得北京市各项荣誉。

"我是党员，也是军人，还是大庄村的娃娃，正是这3个身份让我最终下定这个决心。"河北省河间市大庄村党支部书记石炳启，从部队退休后放弃了安逸舒适的生活，回到田间地头，回馈和奉献家乡。

石炳启坚持用制度管人管事，带头遵守村里的规章制度，以部队培养的硬朗作风，公开公平公正治村理事。他立足村情实际，使村基础设施大大完善，村容村貌明显改观。

不同的舞台，一样的担当

福建省福州市三坊七巷消防救援站副站长张天水，是朝气蓬勃的90后。随着改革转制，张天水的制服从"橄榄绿"变成"火焰蓝"，但不变的是责任。张天水所在的消防救援站紧邻福州老街区三坊七巷，该区域建筑密度大，多采用木结构建造，消防安全极为重要。

在张天水和队友的共同努力下，辖区实现8年零火灾、30年无重大火情。"我要弘扬人民军队的优良传统，守护好福州的历史文脉。"张天水说。

脱下军装，广大退役军人心里始终有国家和人民。守护国家、奉献人民，他们在不同的岗位上，书写了不凡的担当。

青海立詹律师事务所党支部书记董博俊，退役多年来，对涉及部队、军人的法律事务，他都免费提供咨询、培训。他全身心投入工作，在会见当事人、准备庭辩等过程中，不放过任何一个线索，不疏漏任何一个细节，力求做到认真细致、严谨缜密。

浙江省国骅集团有限公司董事长丁国年退役后白手起家，带领企业发展成为总资产达75亿元的集团型企业。他坚持"退役军人招录优先、待遇从优"的原则，搭建退役军人就业创业平台，帮助2000多名退役军人解决工作岗位问题。他还设立"东方慈善扶贫基金""国骅建设慈善基金",帮扶贫困家庭、资助贫困学生,累计捐助 2.6 亿元。新冠肺炎疫情发生后,他组织公司第一时间成立疫情防控工作组,并号召员工为抗击疫情捐款。

湖北省关爱退役军人协会副会长、炎黄集团董事长邝远平,在疫情发生后,带领家人、亲友和集团员工为抗疫捐款捐物总计超过 2000 万元,援助一线医院、隔离点、福利机构、社区等近 500 家。邝远平还积极为因疫情滞销的农产品找销路,仅为长阳土家族自治县渔峡口镇就解决了百万斤春柑的销售问题。

建功新时代、奋斗新征程。在退役军人身上,有永葆本色的朴素,有迎难而上的血性,更有胸怀家国的担当。他们在不同的舞台上,书写着新的精彩篇章。

《人民日报》2020 年 12 月 20 日

《闪亮的名字——2020 年度最美退役军人发布仪式》,中央广播电视总台,2020 年 12 月 18 日。